Die socialpolitischen Ideen Alexander Herzens.

Die

socialpolitischen Ideen

Alexander Herzens.

Von

Dr. Otto von Sperber.

Leipzig,
Verlag von Duncker & Humblot.
1894.

Vorwort.

Die Gesetze der wissenschaftlich kritischen Forschung legen uns die Pflicht auf, zur Beurteilung neu sich Bahn brechender Weltanschauungen nicht nur diejenigen Bestrebungen heranzuziehen, deren Resultate unmittelbar in den positiven Bestand der Erkenntnis übergegangen sind; es haben vielmehr hierauf auch diejenigen Ideen und Lehren Anspruch, die, ohne dauernde Wirkung ausgeübt zu haben, dennoch als notwendiges Glied des geistigen Werdeprozesses erscheinen, zumal wenn sie nur an unentsprechender Form und Ausgestaltung litten, dabei aber doch einen entwicklungsfähigen Keim in sich tragen. Diesen Keim nachzuweisen, auch wo er sich in praktisch unfruchtbarer Gedankenhülle birgt, ist zumal da eine lohnende Aufgabe, wo diese Ideen und Lehren sich auf die Grundlagen und innersten Beziehungen des gesellschaftlichen Lebens erstrecken.

Auch bei der vorliegenden Untersuchung wurde von diesem Gesichtspunkte ausgegangen; es gesellte sich dazu die Erwägung, dafs eine Persönlichkeit, die, wenn auch nur in beschränktem Zeitraum, innerhalb weitester Kreise in so hohem Grade eine Autorität ausübte, wie das bei Alexander Herzen thatsächlich der Fall war, wohl den Anspruch darauf habe, in der wissenschaftlichen Beurteilung der von ihr verfochtenen Geistesrichtung ihren Platz angewiesen zu erhalten. Es wurde daher auf die Stellung Herzens innerhalb der socialistischen Bewegung das Schwergewicht gelegt; insoweit dieselbe mit seiner rein politisch-agitatorischen Thätigkeit in Verbindung steht, wurde auch die letztere zur Beurteilung herangezogen, wenngleich das Urteil hierüber, sowie über seine specielle Bedeutung für die kulturellen Geschicke Rufslands bereits seit geraumer Zeit gefällt ist und auch seine eminente Bedeutung für die russische Litteratur nicht in Zweifel gezogen wird. In den Monographien Julius Eckardts ist das Wesentliche hierüber gesagt worden. Es konnte daher auch von einer Bewertung der praktisch von Herzen ausgeübten Einwirkungen hier nicht die Rede sein; dafs er durch dieselben vielfach berechtigten Anstofs erregt hat, blieb für die Betrachtung seiner socialen Ideen aufser Belang. Das gesamte Wirken Herzens war ein derartiges, dafs die Zeitgenossen nicht mit demselben in Berührung kommen konnten, ohne zugleich mit Sympathie oder Antipathie dazu Stellung zu nehmen; nachdem nunmehr bald ein Vierteljahrhundert seit seinem Hinscheiden verflossen ist, tritt an die Stelle der Parteinahme mit dem Gefühl die sachlich kritische Beobachtung. Der Ideenkreis Herzens gehört für uns der Geschichte an; lediglich als an eine auch das Interesse unserer Zeit herausfordernde historische Erscheinung ist daher der Verfasser an ihn herangetreten.

Inhaltsverzeichnis.

Vorgeschichte der kulturellen Entwicklung Rufslands[1].

Wenn es auch als das unbestrittene Vorrecht einzelner bedeutender Persönlichkeiten gelten mag, auch über die durch Ort und Zeit ihnen gezogenen engeren Grenzen hinaus den Einflufs ihres Geistes auszuüben und, gleichsam über dem regelmäfsigen Verlauf der Menschheitsgeschichte stehend, eine Beurteilung von allgemeineren Gesichtspunkten aus beanspruchen zu dürfen, so werden wir doch stets bei tieferem Eindringen in das Wesen dieser Menschen alsbald der Thatsache gegenüberstehn, dafs das universelle Genie sich durch die Einwirkungen der jeweiligen Zeitverhältnisse, der gesellschaftlichen Entwickelungsstufe, und der besonderen Bedingungen seines nächsten Thätigkeitsfeldes in eigentümliche Bahnen gedrängt und modifiziert sieht; und ist somit, behufs eingehender Würdigung eines hervorragenden Menschen die Kenntnis aller einschlägigen äufseren Bedingungen, unter denen sich sein Lebenslauf vollzog, geboten, so wird diese Kenntnis um so mehr zur unabweisbaren Vorbedingung, wenn es sich um die Darstellung und kritische Betrachtung des

[1] Litteratur: Anatole Leroy-Beaulieu, „L'empire des Tsars et les Russes.“ Paris 1882–89. — A. Brückner, „Die Europäisierung Rufslands.“ Gotha 1888. — A. Frhr. v. Haxthausen, „Die ländliche Verfassung Rufslands.“ Leipzig 1866. — Conrads Handwörterbuch der Staatswissenschaften, Artikel „Bauernbefreiung“ und „Mir“, von J. v. Keufsler. — J. Eckardt, „Baltische und russische Kulturstudien aus zwei Jahrhunderten.“ Leipzig 1869. — A. Herzen, „Rufslands soziale Zustände.“ Deutsch. Hamb. 1854.

Lebens und der Anschauungen eines Mannes handelt, der unter Verhältnissen aufwuchs, die in ihrer Eigenart und in ihren Abweichungen von dem durch die westeuropäische Kultur dargestellten Typus auch schon an sich einer Betrachtung wert erscheinen möchten; als Produkt einer grofsenteils abseits von den Bahnen der bedeutenderen Kulturvölker ihren Weg verfolgenden geschichtlichen Entwickelung verweisen sie uns wiederum mit Notwendigkeit auf das Studium der Vergangenheit.

Dieser Gedanke war es, der es uns notwendig erscheinen liefs, durch einen kurzen Überblick über die Vorgeschichte Rufslands mit besonderer Berücksichtigung der geistigen Strömungen und Bewegungen das Verständnis für Leben und Thätigkeit Alexander Herzens anzubahnen. —

Die sarmatische Tiefebene wurde in ihrer weitgestreckten Ausdehnung vor tausend Jahren zum gröfsten Teil von einer im Verhältnis zur Gröfse des Ländergebiets ungemein spärlich gesäten slavischen Bevölkerung bewohnt. Nur unzusammenhängend sind die Nachrichten, die uns aus jener Zeit überliefert sind; die Hauptquelle hierfür bildet die aus dem zwölften Jahrhundert stammende Chronik Nestors, die jedoch mehr ein kulturgeschichtliches als rein historisches Denkmal darstellt. Sie erzählt uns in kindlich volkstümlicher Weise von dem Erscheinen des normannischen Volksstammes der Waräger in Rufsland; von den Nowgorodern herbeigerufen mit der Erläuterung „Unser Land ist grofs und fruchtbar, aber es ist keine Ordnung darin, kommt und herrscht über uns“, bemächtigten sie sich der Herrschaft, die sie bald von Norden nach Süden hin fortschreitend bis Kiew hin ausdehnten, blieben aber insofern dem ihnen gewordenen Auftrage getreu, als sie sich auf die Rolle der Organisatoren beschränkten und dem Lande ein Herrschergeschlecht gaben, als dessen Begründer die allerdings etwas sagenhafte Persönlichkeit Rurik in der Volkstradition eine grofse Rolle spielt, und welches, in viele Zweige geteilt bis zum Ende des sechzehnten Jahrhunderts regierte; im übrigen ist von den sonst nach einer Eroberung eintretenden Folgen wenig zu spüren, die grofse Masse des Volks wurde in Sitte und Lebensart durch das fremde Element so gut wie gar nicht beeinflufst, und alsbald hat sich eine vollständige Assimilation vollzogen. Als einziger Überrest der normannischen Invasion bleibt die sogenannte Druschina bestehen, eine Art persönlicher Garde des Fürsten beständig am Hofe desselben der Aufträge ihres Herrn gewärtig, die jedoch nicht zahlreich genug ist, um als besondere Volksklasse angesprochen zu werden. Im weiteren Kreise schart sich alsdann um den Fürsten eine Klasse von Würdenträgern, Freunden und Kriegsgenossen, aus der späterhin die Bojaren hervorgehen, von deren Verfassung zu jener Zeit wir jedoch nur ein sehr verschwommenes Bild haben, da sie auf kein positives Recht, auch nicht das der Erblichkeit gestützt eine Zusammenstellung verschiedenartiger fluktuierender Elemente darbietet, auch ihrer Zahl nach durchaus beschränkt ist; als Aristokratie im weiteren Sinne ist dieselbe jedenfalls nicht aufzufassen. Diese verhältnismäfsig wenig bedeutungsvollen Elemente abgerechnet, sehen wir nun dem Fürsten das Volk in grofser einheitlicher Gesamtheit gegenüberstehen; ohne besondere Bevorzugung einzelner Klassen zerfiel dasselbe in kleine Landgemeinden, die unter Leitung eines selbstgewählten Ältesten, ursprünglich wenigstens, ihr ungeteilt besessenes Land gemeinschaftlich bebauten; Städte gab es damals nur wenige, auch zeichneten sie sich vor den Dörfern nur durch gröfseren Umfang aus, sowie durch eine hölzerne Umfriedigung; in beiden wurden die Beschlüsse durch die Gesamtheit der Einwohner gefafst — Bürger und Bauer standen mithin auf einer Stufe —, sodafs in jenen früheren Zeiten den Machtbestrebungen der Fürsten ein wirksames Gegengewicht in demokratischem Sinne gegenüberstand. Die Fürsten ihrerseits verfügten insofern nach Gutdünken über das Land, als sie es mit der allmählichen Verzweigung ihrer Dynastie in eine Reihe kleiner Teilfürstentümer zerlegten, die in einer je nach den Ausschlag gebenden Persönlichkeiten mehr oder minder lockeren Abhängigkeit vom Ältesten der Familie, dem Grofsfürsten, standen; letzterer residierte erst in Kiew, später in Wladimir, endlich dauernd in Moskau, und lag natürlich mit seinen Anverwandten wegen Ausübung der Hoheitsrechte in beständigem Zwiste, wie denn überhaupt die Besitzstreitigkeiten der einzelnen Fürsten zu beständigen durch Jahrhunderte sich ziehenden oft blutigen und mit gröfster Erbitterung geführten Kriegen Anlafs gaben, die nur selten durch das Auftreten einzelner besonders hervorragender Fürsten, welche die anderen unter ihre Botmäfsigkeit zu zwingen wissen, unterbrochen wurden. Diese beständigen inneren Kriege drücken jener Epoche russischer Geschichte den Stempel auf, sie absorbierten die Kräfte des Volks, das sich allmählich im Dienste der ehrgeizigen Interessen seiner Herren in nutzlosem innerem Streite aufrieb, bis die Invasion der Mongolen, die bei der allgemeinen inneren Zerfahrenheit und dem Antagonismus, der selbst angesichts der drohenden Gefahr nicht zum Schweigen zu bringen war, mit Eroberung des Landes leichtes Spiel hatten, das Volk in empfindlichster Weise den politischen Unverstand seiner Herren büfsen liefs.

Von weittragendster Bedeutung für das Land war die Bekehrung desselben zur griechischen Orthodoxie. Es war wohl kaum die freie Wahl der Fürsten, die in der Konkurrenz mit dem Katholizismus kritisch prüfend dieses Ereignis herbeiführte, vielmehr sehen wir in der Gewinnung Rufslands die letzte Kraftentfaltung des im Niedergange befindlichen Byzantinismus, der bei seinem Unterliegen dem stetig erstarkenden Rom gegenüber darin die letzte Rettung und Möglichkeit der Fortpflanzung seines Geistes und seiner Prinzipien erblickte; so bildeten denn die über das schwarze Meer hin schon früh angeknüpften Handelsbeziehungen zugleich den Weg, auf welchem in immer verstärktem Mafse der Einflufs der Geistlichkeit von Konstantinopel sich in Rufsland Eingang verschaffte, bis im Jahre 988 die definitive Annahme des byzantinischen Glaubens erfolgte. Mit dieser Thatsache wurde jene Kluft geschaffen, die noch heute Rusland vom Occident trennt, denn zugleich mit der Orthodoxie wurde dem Russentum jenes im Laufe der Jahrhunderte immer stärker zu Tage tretende Streben nach Besitzergreifung Konstantinopels, der Wiege seines Glaubens, imputiert, das naturgemäfs jegliche geistige Bestrebung von den das europäische Leben beherrschenden Strömungen ablenken und eine Einseitigkeit entfalten mufste, welche, da dieses Streben unter dem Drucke ungünstiger politischer Verhältnisse keinen Ausgang fand, notwendigerweise zur Erstarrung führte. Vor allem aber wurde Rufsland durch die Fremdherrschaft der Mongolen in seiner Kulturentwickelung um Jahrhunderte hinter derjenigen Westeuropas zurückgehalten. Ohne im wesentlichen in die innere politische Organisation einzugreifen, begnügten sich vorderhand die Khane damit, ihre Oberhoheit und Lehensherrschaft von den russischen Fürsten anerkennen zu lassen, die sich von jenen bestätigen lassen und ihnen einen vorgeschriebenen Tribut entrichten mufsten; das hinderte jedoch nicht, dafs die nach dem ersten verheerenden Einfall meist unter dem Vorwande der Tributeintreibung sich immer wiederholenden Invasionen mordbrennender Tatarenhorden das Volk dem vollständigsten materiellen Ruin preisgaben; gleichzeitig wuchsen die Abgabenlasten, die nun doppelt entrichtet werden mufsten, die Bewohner gerieten allmählich immer mehr in die Abhängigkeit der Fürsten oder verliefsen ihre Dörfer in grofsen Massen, um Schutz suchend durch die Wälder zu irren; die alten Banden der Gemeindezusammengehörigkeit mit dem damit zusammenhängenden patriarchalischen Selfgovernment werden immer mehr gelockert, kurz überall tritt Zerfall und Auflösung ein.

Wie stets in Zeiten allgemeiner Krisen und Umwälzungen waren es auch hier einzelne energische und kriegerische Fürsten, die von der traurigen Lage des Landes Vorteil zogen, indem sie nicht nur im Inneren ihre Macht zu einer fast unumschränkten gestalteten, sondern sich auch nach aufsen hin freier stellten und von der Zentralgewalt der Grofsfürsten emanzipierten; und so begegnen wir denn zu Ende der Mongolenherrschaft tiefgehenden Spaltungen im Inneren des Staates: die Grofsfürsten haben nur noch wenig Einflufs mehr auf die Teilfürsten, besonders der Süden Rufslands hat sich fast selbständig gestellt, andere Landesteile befinden sich im Abhängigkeitsverhältnis von Polen und Litauen, in der Ukraine haben sich freie Kosakenrepubliken gebildet; Nowgorod und Pskow haben sich, durch ihre geographische Lage geschützt, von jeglicher Abhängigkeit frei zu halten gewufst, und bieten allein ein Bild eines auf bürgerliche Selbständigkeit und Freiheit der kommunalen Bewegung gegründeten Wohlstandes.

Die Grofsfürsten waren mittlerweile nach Moskau übergesiedelt; diese bisher gänzlich bedeutungslose Stadt, in welcher sie noch weniger als anderswo auf populäre Beschränkung ihrer Herrschaftsgelüste stiefsen, bildet fortab den geeigneten Stützpunkt ihrer Machtbestrebungen; indem sie ihre Apanagen als ihr unumschränktes Eigentum zu betrachten sich gewöhnt hatten, begannen sie, etwa in der Art wie die Habsburger, eine auf stete Gebietserweiterung ausgehende Hauspolitik zu treiben, welcher sie durch Änderung der Thronfolge-Ordnung — nicht mehr der älteste Bruder, sondern der älteste Sohn succedierte fortab — noch gröfsere Nachhaltigkeit verliehen. Das Beispiel des absoluten Despotismus der Tataren, Khane und sklavischen Servilität ihrer Völker beeinflufste auch die russischen Grofsfürsten und reizte sie zur Nachahmung, und so bietet sich uns das eigentümliche Schauspiel dar, dafs unter dem Schatten der Mongolenherrschaft sich die Keime der neuen Staatsordnung am günstigsten entfalten konnten; der alte auf freies Zusammenwirken von Gemeinde und Fürst basierte Staat ist zerfallen, an seiner Stelle der in seiner rücksichtslosen Zentralisation stetig fortschreitende Moskauer Absolutismus. Zur dynastischen Tradition geworden erscheint die gänzliche Unterwerfung der Teilfürstentümer nunmehr als das konsequent verfolgte Ziel der Grofsfürsten, nach dessen Erreichung die definitive Abschüttelung des Mongolenjochs nur noch eine Frage der Zeit sein sollte. Iwan Kalita gelingt es sich vom Tatarenkhan zum Generalsteuerpächter ernennen zu lassen, wodurch ihm Gelegenheit geboten wird immermehr Reichtümer, natürlich in erster Linie zu Gebietserweiterungen verwandt, anzusammeln; Dmitri Donskoi, die einzige heldenhafte Erscheinung unter den Fürsten jener Zeit, fühlt sich bereits stark genug, um die Mongolen anzugreifen, besiegt sie 1380 auf dem Felde von Kulikowo, und thut damit den ersten Schritt zur Abschüttelung des Jochs; letzterer wird durch beständige Revolten und durch inneren Zerfall des Tatarenreiches beschleunigt. Zu Ende des fünfzehnten Jahrhunderts vertreibt Iwan III die letzten noch selbständigen Nebenfürsten aus ihren Besitzungen; sein Werk vollendet Iwan der Schreckliche durch Unterwerfung von Kasan und Astrachan, vor allem aber durch Eroberung und gänzliche Zerstörung Nowgorods, jener ehedem mächtigen freien Hansestadt, die allein noch als Bollwerk der Gemeindefreiheiten und Selbstverwaltung dem Absolutismus widerstanden hatte, dessen Sieg nun entschieden war. Pskow, Twer und andere bisher noch zum Teil selbständige Städte konnten sich nun auch nicht mehr lange halten, und nachdem auch der Einfluſs der Bojaren und der alten Familien im Inneren durch Iwan auf das nachdrücklichste zerstört worden war, fühlte er sich, zumal die Mongolenherrschaft nun endgiltig beseitigt war, stark genug in seiner absoluten Landesherrschaft, um sich an dem Titel eines Groſsfürsten von Moskau nicht mehr genügen zu lassen und ihn mit demjenigen eines Czaren aller Reuſsen zu vertauschen. Der auf den Byzantinismus sich stützende Absolutismus scheint zwar auf kurze Zeit ins Schwanken zu geraten, als nach dem Aussterben der Dynastie Ruriks eine Reihe von Prätendenten, die nicht auf das Legitimationsprinzip zu fuſsen vermögen, sich um die Herrschaft zu streiten beginnen; Boris Godunow und der falsche Demetrius treten mit neuen Auffassungen ihrer Herrscherpflichten auf, und versuchen das Land den Einflüssen des Occidents zu erschlieſsen, Kunst und Wissenschaft zu heben und durch europäische Bildung die Grundlage zu freierer Volksentwickelung zu legen, stoſsen jedoch auf den energischen Widerstand der alles Fremdländische perhorreszierenden Geistlichkeit und der Bojaren, denen sie Konzessionen machen müssen, um schlieſslich doch zu unterliegen; Demetrius fällt einer von jenen angestifteten Revolution zum Opfer, zeitweilig herrscht die gröſste Verwirrung, überall treten Prätendenten auf, Polen, Schweden und

Kosaken verwüsten das Land, das seinem Verfall entgegen zu gehen scheint, — da erhebt sich das Volk, vertreibt die Fremden unter Führung Minins und Poscharskys, um im Jahre 1613 den jungen Michael Romanow den Thron besteigen zu lassen, der ohne weiteres die Prinzipien Iwans wieder aufnimmt und den orthodoxen Absolutismus neu erstehen läfst und für die Zukunft begründet. Er und seine Nachfolger bis zu Peter dem Grofsen haben um so leichteres Spiel, als das Volk, durch die Anstrengungen der letzten Epoche aufgerieben, ihnen nicht einmal einen passiven Widerstand entgegen zu stellen in der Lage ist, während die Bojaren unterdrückt sind und der einzig einflufsreiche Stand, die Geistlichkeit, mit dem Zarentum gemeinsame Sache macht, um in gegenseitiger Förderung der Interessen ihren wenn auch beschränkten Anteil an der Herrschaft zu nehmen.

Doch während die moskowitisch-nationale und byzantinisch-klerikale Reaktion sich auf ihrem Höhepunkt befinden, treffen wir doch auch schon, wenn auch spärliche, Anzeichen des sich vorbereitenden Umschwungs an. Im Laufe des siebzehnten Jahrhunderts wandern zahlreiche fremde Kaufleute und Industrielle ein, in Moskau entsteht die deutsche Vorstadt, vorzugsweise von Handwerkern und Technikern bewohnt, aus deren Mitte sich später Peter der Grofse die Lehrmeister für sein Volk aussuchen sollte, auch Künstler und Gelehrte erscheinen vereinzelt als Träger westeuropäischer Kultur. Aus dem Schofse des Hauses Romanow selbst bereitet sich die grofse Revolution vor, und mit dem Auftreten Peters entwickeln sich jene bis dahin nur in den unbedeutendsten Stellungen geduldeten Elemente zu Hauptstützen der Reform. Der genial beanlagte junge Herrscher hatte schnell die ausländischen Sitten und Kulturformen zu würdigen und unter der Leitung seiner holländischen, deutschen und französischen Erzieher in den Geist Westeuropas einzudringen vermocht und verlangte nun von seinem Volke dasselbe; mit einem Schlage wollte er das durch jahrhundertelanges Verschulden Versäumte nachholen und Rufsland zu einem europäischen Staate machen. Durch Gebietserweiterungen, die in der Erwerbung der Küsten des Schwarzen und des Baltischen Meeres gipfelten, durch Schaffung eines geregelteren Heeres und einer Marine, durch Anknüpfung von Handelsbeziehungen nach dem Auslande hin wollte er Rufsland als Staat den ihm gebührenden Platz in Europa sichern, und sein Bestreben wurde von Erfolg gekrönt; andrerseits aber wollte er auch sein Volk durch die Übertragung von Civilisation und Kultur in die Reihe der gebildeten Nationen einfügen, und dieser Teil seiner Reformarbeit erwies sich als eine Unmöglichkeit. Die ganze Thätigkeit dieses grofsen Reformators in ihrer historischen Bedeutung zu würdigen, ist hier nicht der Ort; nur darauf sei hingewiesen, dafs Peter der Grofse den Grund zu jenem Dualismus legte, der der Weiterentwicklung Rufslands seinen Stempel aufdrückte, wir meinen den Gegensatz zwischen dem altchristlich-nationalen, von der Orthodoxie unterstützten Moskowitertum und dem durch Peter ins Leben gerufenen Streben nach westeuropäischer Bildung und Aufklärung. Dabei stehen wir vor der überraschenden Thatsache, dafs das Prinzip, das diese Gegensätze geschaffen hatte, ein und dasselbe war; denn der neue Zustand der Dinge erfolgte nicht etwa auf Grund einer demokratischen Volksbewegung, sondern es war derselbe Absolutismus, der sich ehedem im moskauer Zarentum verkörperte, und der jetzt als Bahnbrecher der neuen Ideen sich in den Kaiserpalästen Petersburgs den Wohnsitz schuf. Nicht dafs ihm damit die Fähigkeit der Rückverwandlung in die alten Formen für immer genommen worden wäre; die Geschichte hat vielmehr den Beweis dafür geliefert, dafs es nur von der Art und Weise seines jedesmaligen Repräsentanten abhängen sollte, welche von den beiden Geistesrichtungen die Oberhand behielt.

Nach Peters Tode geriet naturgemäfs sein Werk ins Schwanken, zu sehr war es an die Persönlichkeit des Reformators gefesselt gewesen, dessen Nachfolger weitaus nicht fähig waren, auf den betretenen Bahnen weiter fortzuschreiten; selbst die Riesenkraft Peters hatte doch nur vermocht dem Volke — und auch nur den über das Gros hinausragenden

Teilen desselben — den äufseren Anstrich europäischer Civilisation zu verleihen; einer ganzen Reihe genialer Herrscher hätte es bedurft, um diese Civilisation dem geistigen Besitzstande der Nation voll und ganz einzuverleiben; im anderen Falle mufste das begonnene Werk Stückwerk bleiben. So sehen wir denn wohl unter den nächsten Nachfolgern Peters den ausländischen besonders deutschen Einflufs praedominieren; Biron, Münnich und Ostermann gelangen zeitweilig zu fast unbeschränkter Gewalt, die sie aber weit mehr zur Verfolgung ihrer und ihrer Anhänger persönlicher Interessen als zur Verbreitung von Fortschritt und Aufklärung im Volke benutzen. Unter Elisabeth gelingt es der unter Führung der Dolgorukys den ausländischen Einflufs bekämpfenden Bojarenpartei zeitweilig die Oberhand zu gewinnen. Ihr Nachfolger Peter III. mufs die Zügel der Regierung alsbald seiner Gemahlin Katharina übergeben, die es nun unternimmt, die Arbeit Peters des Grofsen fortzuführen; aber weil sie der grofsen Masse des Volkes gänzlich fern steht, beschränken sich ihre Bestrebungen nur auf die höheren Klassen der Gesellschaft. Hier allerdings findet sie geeigneten Boden und erzielte schnell Erfolge; sie hebt den Adel, indem sie ihm die Besetzung fast aller Stellen in Justiz und Verwaltung überträgt und ihm korporative Ausgestaltung verleiht; französische Lebensart verbreitet sich vom Hofe ausgehend in allen mit demselben in Berührung kommenden Kreisen, und die Ideen Voltaires und Montesquieus und die ganze philosophische Denkweise der Encyklopädisten finden in der Petersburger Gesellschaft Anklang und Verbreitung. Nach den Bedürfnissen und Regungen des Volks aber schien niemand zu fragen; um den Zustand, in dem es sich damals befand, würdigen zu können, werden wir die Entwickelung der ländlichen Verhältnisse einem kurzen Rückblick zu unterziehen haben.

Wir sahen bereits, dafs die von freien Bauern auf Grund gemeinschaftlich besessenen und bearbeiteten Landes gebildeten Dorfgemeinden[1] die Grundelemente des altrussischen

[1] Wir stellen hier nur den Zustand der Gemeindeverfassung in jener

Staatssystems bildeten; in gewissen periodischen Zeitabschnitten fand immer wieder eine neue Umteilung des Landes unter die Gemeindeglieder nach Mafsgabe ihrer Anzahl statt. Das Besitzverhältnis der Gemeinde zu ihrem Lande war natürlich nicht das des Privateigentums im römisch-rechtlichen Sinne; vielmehr entrichteten die Gemeinden dem Fürsten, der gleichsam ihr oberster Lehensherr war, Steuern und Abgaben, wofür dieser ihnen Schutz und Schirm gewährte. Allmählich beginnt nun zwischen Fürst und Bauer eine Mittelperson zu treten. Die Fürsten verleihen ihren Günstlingen, verdienten Kriegsleuten und anderen Personen, die Ansprüche auf Belohnung ihrer Dienste haben, oder auch von sich aus einen Entgelt dafür zu leisten imstande sind, Stücke Landes zu Lehen; der neu entstehende Adel aber läfst diese seine Landgüter teils direkt durch seine Leibeigenen bearbeiten, teils wie bisher durch die freien Bauergemeinden, die nunmehr statt dem Fürsten dem Edelmann Abgaben bezw. Pacht zahlen, im übrigen aber vorläufig keine Veränderung ihrer Lage erleiden. Dazu ist zu bemerken, dafs jene Leibeigenen damals in nur sehr beschränkter Anzahl sich vorfinden, und sich teils aus Kriegsgefangenen, teils aus in fremden Ländern gekauften Sklaven (холопы Cholopi), teils aus solchen rekrutierten, die durch die Not gezwungen sich selbst samt ihren Nachkommen verkauften (кабальные люди kabalnye ljudi). Wir sehen also schon früh neben den freien Pachtbauergemeinden eine kleine Anzahl von Sklavendörfern entstehen, und zwar sowohl auf den dem Adel verliehenen Ländereien als auf denjenigen, die im Besitze der Fürsten verblieben sind und den überwiegend gröfseren Teil des Landes einnahmen. Während nun dieser Zustand der Dinge im Verlaufe mehrere Jahrhunderte rechtlich unangetastet bleibt, vollzieht sich doch faktisch eine

ältesten Zeit (etwa bis ins 11. Jahrhundert) fest. Auf die Wandlungen, die dieselbe im Laufe der geschichtlichen Entwickelung durchzumachen hatte, werden wir bei der Kritik der Anschauungen Herzens näher einzugehen haben.

Umwälzung; die Gemeinden unterliegen immer mehr Bedrückungen und Beschränkungen, — auf den fürstlichen Ländereien seitens der Zaren und deren Beamten, auf den verliehenen Ländereien seitens der Edelleute, die ihrerseits durch den Herrscher geknechtet den Bauern gegenüber ihrer Willkür stetig ungehinderter die Zügel schiefsen lassen können, sicher dabei die Unterstützung der Regierung zu finden —; das absolutistische Prinzip wird immer mehr von den allgemein staatlichen Verhältnissen in das Privatleben des Volks übertragen. Aktiven Widerstand vermögen die Bauern nicht zu leisten; wohl aber beginnt, namentlich bei zunehmender Unifizierung des Reichs und Wegfall der trennenden kleineren Landesgrenzen ein Fluktuieren derselben, ganze Gemeinden sehen wir ihre Dörfer verlassen und in der Hoffnung auf Verbesserung ihrer Lage andere Gegenden aufsuchen, ganze Landstriche, dem Ackerbau weniger günstig, sind verödet, während die fruchtbaren Teile überflutet werden, hier hören wir laute Klagen der Edelleute, dafs ihnen ihre Güter mangels an Bewohnern nichts mehr einbringen, dort werden Beschwerden laut, dafs durch die fremden Einwanderer Unordnung und Mifsstände aller Art geschaffen werden; eine regelmäfsige Eintreibung von Abgaben und Steuern wird zur Unmöglichkeit. Um dem völligen Zerfall der ökonomischen Zustände vorzubeugen, erläfst daher Boris Godunow zu Ende des sechzehnten Jahrhunderts ein Gesetz [1], in dem er das Recht der Bauern, von einem Gut zum anderen zu ziehen, regelt und beschränkt, bald darauf aber den in der Tradition des Volks wohlbekannten Ukas vom St. Georgstag, in dem bestimmt wird, dafs alle Bauern an die Orte, an denen sie sich an eben jenem Tage befänden, gefestet sein sollten und denselben nicht ohne spezielle Erlaubnis des Herrn verlassen dürften; damit war die glebae adscriptio rechtlich sanktioniert, der Bauer war dem Herrn in die Hand gegeben, die ihm nominell noch verbliebene persönliche Freiheit wurde immer mehr belanglos. Um sich ihrer drückenden Lage zu entziehen, entfliehen die Bauern

[1] Ukas vom 21. November 1597.

in grofsen Mengen, und nur die wenigsten können wieder eingefangen werden; manchen gelingt es, sich an entlegenen und versteckten Orten zu sammeln[1] und anzusiedeln, ein beträchtliches Kontingent fliefst auch dem Kosakentum oder den vielen im sechzehnten und siebzehnten Jahrhundert namentlich im südlichen Rufsland zahlreich umherschweifenden und oft zu gefährlicher Macht anwachsenden freien Banden zu, viele endlich gehen elend zu Grunde. Wo früher persönliche Beziehungen zwischen Edelmann und Bauer bestanden haben mögen, sind dieselben durch die Populationsverschiebungen aufgelöst worden; allein das Interesse, welches die Herren daran haben, die ökonomische Leistungsfähigkeit der Bauern nicht ganz zu vernichten, legt ihrer Willkür Zügel an[2]. Eigentliche Ökonomien hat es bis dahin noch nicht gegeben, da die Mehrzahl der Edelleute, durch den Dienst absorbiert, nicht auf dem Lande wohnte, und wenn sie dorthin kamen, nur in höchst primitiven Wohnungen lebten und sich von den Bauern die nötigen Lebensmittel beschafften; nunmehr beginnen die Gutsherren in einzelnen Gegenden Teile der Bauerländereien einzuziehen und die Bauern zur Leistung von Fronarbeiten auf denselben zu zwingen —, die ersten Anfänge selbständiger gutsherrlicher Wirtschaften gegenüber den Dorfwirtschaften, wobei jedoch hervorzuheben ist, dafs auf den Kronländereien sich etwas den westeuropäischen Domänenhöfen Analoges nicht vorfindet.

Auch in diese Zustände griff Peter der Grofse mit reformatorischer Hand ein, nicht aber in fortschrittlichem Sinne, vielmehr bestimmte er einmal, indem er die thatsächlich vorhandenen Verhältnisse sanktionierte, dafs die Landgüter des Adels, de jure bis dahin nur in seinem Lehensbesitz, fortab

[1] Noch jetzt soll es im Innern der nördlichen Wälder Rufslands Kolonien von Nachkommen solcher Flüchtlinge geben.

[2] Indem wir das Fehlen jeglicher humanitären Rücksichten konstatieren, glauben wir uns doch noch lange nicht zu einer absolut abfälligen Kritik berechtigt; Zustände, wie die oben geschilderten, wollen vor allem im Geiste ihrer Zeit beurteilt sein.

sein freies Eigentum sein sollten, ferner aber erklärte er die bisher wenn auch nur dem Namen nach freien Bauern des Adels insgesamt für leibeigen[1], stellte sie also den Haussklaven gleich. Dieser dem Geiste der anderen gleichzeitigen Reformen so durchaus entgegengesetzte Schritt findet seine Erklärung wohl nur in dem Bestreben Peters, den Adel durch Konzessionen zur thätigen Mithülfe an seinen reorganisatorischen Unternehmungen zu gewinnen und ihn durch Kräftigung seines materiellen Besitzstandes zu heben; die Kronbauern blieben denn auch weiterhin frei, das heifst glebae adscripti und im Besitze kommunaler Rechte, und sie hatten den Vorzug, keinen anderen Herren als die Krone über sich zu haben und wenigstens gesetzlich vor willkürlicher Erhöhung der Abgaben und Leistungen gesichert zu sein, wenn auch in der Praxis die Kronsbeamten es oft noch schlimmer trieben als die Edelleute, unter denen sich doch mitunter persönliche Beziehungen allmählich herausbildeten, die den Bauern die Lage erträglich machten; die Bauern der reichen Magnaten standen sich dabei in der Regel besser, als diejenigen der kleinen Edelleute, jene liefsen ihre Leibeigenen nicht selten ihren Fähigkeiten entsprechend ausbilden, so dafs aus ihnen mitunter wohlhabende Kaufleute und tüchtige Handwerker hervorgingen. Neben den Kronbauern und den Bauern der Edelleute findet sich noch die Klasse der Apanagebauern vor, die zu dem Zaren in demselben Verhältnis stehen, wie die adeligen Bauern zu ihrem Herrn und die auf jenen im Privatbesitz des Zaren verbliebenen Gütern angesessen sind, die bereits in früherer Zeit nicht von freien Dorfgemeinden, sondern von Sklaven bearbeitet wurden.

Dieser nunmehr von oben her legalisierte Zustand der Dinge bildete die Grundlage der ländlichen Verhältnisse in Rufsland im Verlaufe der folgenden anderthalb Jahrhunderte;

[1] Vgl. Ukas vom 5. Januar 1720, durch den die Kopfsteuer eingeführt wurde. Nicht mehr das besteuerte Land, sondern die „Seele“ wurde nunmehr zur Steuerbasis gemacht; der Gutsherr haftete sowohl für die Steuereintreibung als für die Rekrutenstellung.

eine Ausnahmestellung nehmen dabei ein — wenn wir den Gebietsumfang des heutigen europäischen Rufsland betrachten — abgesehen von den erst verhältnismäfsig spät dem Reiche inkorporierten baltischen und polnisch-litauischen Landesteilen die entlegenen Landstriche am Weifsen Meere und an den grofsen Seen des Nordens, an denen sich in jeder Beziehung fast noch ganz primitive Zustände bis auf unsere Tage erhalten haben, und der von freien Kosakengemeinden bewohnte Süden, vorzugsweise aber Kleinrufsland. Und hier stofsen wir wiederum auf die eigentümliche Erscheinung, dafs es gerade Katharina ist, die begeisterte Anhängerin liberaler Ideen und Vorkämpferin europäischer Aufklärung, welche die Bauern Kleinrufslands, besonders der Ukraine (des links vom Dnjepr gelegenen Teils Kleinrufslands) in grofsen Massen der Leibeigenschaft preisgiebt, indem sie weite Länderstrecken ihren Günstlingen und Ministern verschenkt[1]. — Ihr Nachfolger Paul dehnte die Leibeigenschaft auch auf Neurufsland und die angrenzenden Gebiete zwischen Don und Kaukasus aus[2]. Unter ihm erfolgte auch eine Regelung der Frohnverhältnisse, derzufolge von den sechs Arbeitstagen der Woche der Herr nur drei für sich sollte beanspruchen dürfen. Für Kleinrufsland bedeutete das eine Verschlimmerung der bäuerlichen Lage, da bislang dort nur zweitägige Frone üblich waren[3].

Mit dem Adel war mittlerweile seit der Reform Peters des Grofsen eine grofse Wandlung vorgegangen. Indem letzterer eine nach Rangklassen sich abstufende Bureaukratie schuf, die sich nicht nur auf den eigentlichen Beamtenstand, sondern auch auf die Vertreter liberaler Berufe und im übertragenen Sinne auf das Militär erstreckte, wobei jeder, der die untersten Stufen erstiegen hatte, den persönlichen, bald auch den erblichen Adel erhielt, erweiterte er diesen bisher

---

[1] Vgl. Ukas vom 3. Mai 1783 betr. Einführnug der Leibeigenschaft in Kleinrufsland.

[2] Vgl. Ukas vom 12. Dezember 1796.

[3] Vgl. Ukas vom 5. April 1797.

nur aus den Nachkommen der mediatisierten Fürsten, der alten Bojaren und der fürstlichen Günstlinge bestehenden in seinen Grenzen eng abgeschlossenen Stand durch Hineinziehung einer überwiegend grofsen Anzahl von durchaus heterogenen Elementen, die, obgleich mit jenem alten Adel durch keinerlei innere Bande verbunden, doch nunmehr genau dieselben Rechte und Privilegien wie jene besafsen. In dem neu kreierten Tschinownik finden wir nicht nur keine Spur irgend welcher sonst den Adelskorporationen eigenen aristokratischen Tendenzen, wir sehen in ihm vielmehr den Typus des Parvenus, der allein vor dem Streben nach Karriere und Dekoration beseelt, ohne jegliches sittliches Vorurteil kein Mittel zur Erreichung seiner Zwecke scheut. Da sich nun auf diese Bureaukratie das gesamte neuere Staatsleben Rufslands aufgebaut hat, so ist wohl leicht ersichtlich, von welch weitgehendem Einflusse die in dieser Klasse herrschenden Tendenzen auf das gesamte Volksleben werden; dem Beobachter der wirtschaftlichen Zustände wird dabei vor allem in die Augen springen, dafs durch den Einflufs eben jener Bureaukratie zwischen der ländlichen Bevölkerung und dem grundbesitzenden Stande sowie auch der Regierung eine verhängnisvolle Kluft geschaffen worden ist, indem jene Beamten, die mit Vertretung der Interessen des Volkes betraut waren, ihren Einflufs vielmehr zu ihrem persönlichen Vorteil ausnützten, durch systematisch betriebene Bestechlichkeit und Parteilichkeit das moralische Bewufstsein der unteren Schichten untergruben und sie auch nicht selten materiell ruinierten. Weiter war aber auch jener aus immens reichen Magnaten, aufgedienten Schreibern, Priestersöhnen, Soldaten, Gelehrten und Künstlern bunt zusammengesetzte Stand der einzige Träger geistig schaffender Bewegung, und es erscheint daher wohl erklärlich, dafs in einer Zeit, in welcher in den Kulturstaaten Westeuropas die gröfsten Geister der Neuzeit sich Bahn zu brechen begannen und allmählich eine neue Epoche der menschlichen Erkenntnis begründeten, in Rufsland nur wenige Männer erschienen, deren Namen es verdient hätten, der Nachwelt überliefert zu werden.

In ältester Zeit waren Kunst und Litteratur ausschliefslich in den Händen des Klerus und seinem Einflusse preisgegeben; als einziges Gegengewicht dagegen könnte das russische Volkslied betrachtet werden, das in seiner melancholischen monotonen Schwermut eine beredte Geschichte der jahrhundertelangen Leiden eines geknechteten Volkes darstellt; mitunter begegnet man jedoch auch ungezügelt wilden Räuber- und Wanderliedern — der Schrei des Natursohnes, der sich seiner Fesseln entledigte und, nun auf seine Kraft trotzend, keine Schranken mehr kennt. Die ersten Anfänge geistiger Civilisation äufserten sich infolge der Berührung mit Polen weit früher in Klein- als in Grofsrufsland, doch dauerte es lange, ehe einzelne Männer von litterarischer Bedeutung auftraten, da die Sprache sich erst vom byzantinisch-slavonischen Kirchenstil emanzipieren und später die neuen von Westen eindringenden romanischen und germanischen Elemente in sich verarbeiten mufste, um als Material für eine nationale Litteratur dienen zu können. Der erste, in reinerem Russisch schreibende, bedeutendere Schriftsteller war Lomonossow, ein mit reichem, encyklopädischem Wissen begabter Gelehrter, der, während er auf den verschiedenen Gebieten exacter und spekulativer Wissenschaft mit Erfolg thätig war, zugleich lyrische Hymnen und Lehrgedichte verfafste. Durch seine selbständige und lebensvolle Auffassungsweise sticht er vorteilhaft von jener gouvernementalen Litteratur ab, die, unter dem Schatten des Thrones sich entwickelnd, in der Verherrlichung des Monarchen den würdigsten Gegenstand der Poesie erblickte; ihr bedeutendster und noch am wenigsten höfisch-serviler Vertreter war Derschawin, der Hofpoet und schwärmerische Anbeter Katharinas II. Zu wirklicher Popularität gelangte jedoch zuerst von Wiesen, ein Zeitgenosse Derschawins, der mit geistvoller Satire in seinen Komödien die gesellschaftlichen Zustände geifselte[1], und wohl der geistige Urheber jener Richtung ist, die durch Selbstbetrach-

[1] Seine bekannteste Komödie „Nedorosse“ schildert in humorvoll lebendiger Weise das in Unbildung befangene Krautjunkertum der Provinz.

tung zur Kritik getrieben, den Protest erleuchteterer Geister gegen die in den herrschenden Verhältnissen erkannten Schäden darstellt und mit ihrem zuerst nur passiv betrachtenden, dann aber immermehr propagandistisch auftretenden Negativismus der gesamten modernen russischen Litteratur ihren Stempel aufgedrückt hat. Dabei spielt namentlich in den Anfängen die Einwirkung des Freimaurertums in hervorragendem Mafse mit; dasselbe gelangte unter Katharina zu weiter Verbreitung, in erster Linie dank der unermüdlichen organisatorischen Thätigkeit Nowikoffs, der nicht nur in seiner Vertretung der Lehre von der Zusammenfassung aller guten Elemente in eine grofse sittliche Brüdergemeinschaft in den verschiedensten Kreisen des Volkes platonisch schwärmende Anhänger in grofser Zahl zu gewinnen wufste, sondern auch durch Übersetzung und Verbreitung des „Esprit des lois“, des „Emile“ und einer Reihe anderer Werke das geistige Niveau der unter seinem Einflufs stehenden Kreise zu heben suchte. Von Katharina seiner reformatorischen Tendenzen wegen beargwöhnt, fiel er in Ungnade und wurde in die Verbannung geschickt; sein Schüler Karamsin trat an seine Stelle als Träger humaner Ideen, die sich in philanthropischen Auslassungen, in der Aufstellung philosophischer und moralischer Gesichtspunkte und im Proklamieren höherer Menschheitsideale in für die zeitgenössische Litteratur vorteilhafter Weise äufserten; dabei hinderte ihn jedoch seine weich sentimentale Natur an praktischer Verfechtung und Feststellung seiner Ideen, und nachdem er in seiner grofsen zwölf Bände umfassenden „Geschichte Rufslands“, die das Hauptwerk seines Lebens darstellt, anfänglich für Freiheitsgedanken eingetreten war und den Despotismus eines Iwan des Schrecklichen bekämpft hatte, geriet er, gerührt und gefesselt durch die Teilnahme, die Kaiser Alexander I. an ihm nahm, immer mehr in das reaktionäre Fahrwasser hinein, um schliefslich zu einem apologetischen Verehrer des Absolutismus zu werden. —

Mit dem Jahre 1812 beginnt eine neue Periode in der Entwickelung des öffentlichen Lebens in Rufsland. Der Einfall Napoleons und der Brand Moskaus hatten das Reich in seinen Grundfesten erbeben gemacht; es folgte alsdann die Periode der Freiheitskriege, Europa schüttelte das Joch des Usurpators ab, und Rufsland nahm daran thätigen Anteil. Man war mit der europäischen Kultur in zu unmittelbare Berührung gekommen, um nicht allenthalben die zwingende Notwendigkeit einer gründlichen Reform in der eigenen Heimat zu empfinden und allmählich zur Überzeugung zu gelangen, dafs alle die Mifsstände in Verwaltung und Justiz nicht durch äufsere Mafsregeln zu beseitigen seien; immer mehr griff das Streben nach Schaffung neuer principieller Grundlagen, nach innerer Reorganisation Platz. Auch Alexander I. konnte sich der Zeitströmung nicht verschliefsen, mit einer gewissen Ostentation bekannte er sich als Anhänger des Liberalismus; durch Schaffung einer Konstitution für Polen bethätigte er sich als solcher in den Augen Europas, die innere Reform nahm er in Angriff, indem er von Karamsin und Speransky einen Verfassungsentwurf ausarbeiten liefs; aber es zeigte sich bald, dafs es ihm mit alledem im Grunde doch nicht ernst war, und dafs er gar nicht daran dachte, die traditionellen Bahnen des Despotismus zu verlassen. In der Gesellschaft war man sich dessen bewufst, dafs von der Regierung in absehbarer Zeit keine Abhülfe zu erwarten sei, man beugte sich nicht mehr wie ehedem in sklavischer Unterwürfigkeit vor dem Throne, von Westen her waren Gefühle von persönlicher Ehre und Menschenwürde vornehmlich in die höheren Gesellschaftsklassen eingedrungen und zeitigten eine freiere und selbständigere Denk- und Urteilsweise. Die Folge davon war das Erstarken der Opposition gegen den gouvernementalen Druck, die sich teilweise in der Litteratur Luft machte, teilweise zu den ersten Versuchen praktischer Selbsthülfe führte; auf der einen Seite war es Puschkin, der mit genialer Erkenntnis seiner Zeit und seines Landes in seinen poetischen Gestalten, — vor allem im Onegin — Typen darstellte, die in ihrer Lebenswahrheit die vernichtendste Kritik der Verhältnisse, deren Produkt sie waren, in sich selbst trugen, und in demselben Geiste sprachen Ryläjeff, Gribojedow, Lermontow zum Volke; auf der anderen Seite aber traten auch Männer auf, die sich nicht daran genügen lassen wollten, den reformbedürftigen Zuständen den Spiegel vorzuhalten, sondern die sich stark genug glaubten, um dem Volke die Wege zu weisen, auf denen es sich durch seine eigene Kraft befreien und Abhülfe würde schaffen können.

Wir sind nunmehr bei den ersten Anfängen jener Bewegungen angelangt, deren hervorragendster Vertreter späterhin Alexander Herzen werden sollte, und wir behalten es uns vor, auch diese erste Periode derselben dann näher zu würdigen, wenn wir Herzen der Strömung sich anschliefsen und ihrer sich bemächtigen sehen werden. Als letzteres geschah, war es bereits zum offenen Kampf zwischen dem Absolutismus und der revolutionären Volksströmung gekommen; der nach dem Tode Alexanders zum Ausbruch gekommene Dezember-Aufstand brachte zum erstenmal den Gegensatz in seiner ganzen Schärfe zum Ausdruck; mit seiner Niederschlagung und dem Regierungsantritt Nikolais beginnt auf der einen Seite eine Periode der vollkommensten Ausbildung des Absolutismus, auf der anderen Seite wird die Opposition gegen denselben zu einem immer mächtigeren Faktor im Volksleben, der sich schnell konsolidiert, von den einen mit tödlichem Hasse verfolgt, von den anderen zur Grundlage ihres gesamten Denkens, Fühlens und Handelns gemacht.

Zu den letzteren gehörte auch Alexander Herzen. —

Herzens Leben und Schriften.

Alexander Herzen[1] wurde am 6. April 1812 als der illegitime Sohn des verabschiedeten Gardekapitäns Jakowlew zu Moskau geboren. Sein Vater entstammte einer jener titellosen jedoch dem höchsten Adel Rufslands zugehörigen Familien, deren Mitgliedern die Karriere bei Hofe, sowie in den oberen Stellungen des Militär- und Civildienstes ohne weiteres offen steht. Ohne jedoch für diese Vorzüge Sinn und Ehrgeiz zu besitzen, verliefs er bereits früh seine Heimat, um die Mittel, die ihm sein ungeheures Vermögen bot, zu jahrelangen Reisen und verschiedentlichen Studien im Auslande zu benutzen, von denen er kurz vor Beginn des russisch-französischen Krieges als vollendeter Voltairianer und im Besitze einer umfassenden seine ganze Denkweise bestimmenden westeuropäischen — vorzugsweise französischen — Bildung heimkehrte. In Stuttgart hatte er ein bürgerliches junges Mädchen liebgewonnen, mit der er einen Bund fürs Leben schlofs, ohne jedoch vorurteilsfrei genug zu sein, um sich zu einer Heirat zu entschliefsen; der ausschlaggebende Grund hierfür lag darin, dafs er nicht auf sein Maltarittertum verzichten wollte; im übrigen bewahrte er ihr die Treue und wies ihr dauernd die Stellung einer Gattin und Herrin seines Hauses an. Ein innigeres geistiges Einverständnis scheint jedoch für die Länge der Zeit zwischen

[1] Der folgende Abschnitt lehnt sich an die in den „Memoiren" enthaltene Selbstbiographie Herzens an. Vgl. auch J. Eckardt, Jungrussisch und Altlivländisch. Leipzig 1871.

den beiden Ehegatten nicht bestanden zu haben, und so sehen wir den jungen Alexander unter abnormen Verhältnissen aufwachsen, die seinen frühzeitig regen Geist alsbald zum Nachdenken bringen und schnell entwickeln mufsten; weder die gutherzig weiche, aber in ihrem Gesichtskreise beschränkte Mutter, noch der ganz seinen Studien lebende Vater nahm die Erziehung des Knaben energisch in die Hand, die vielmehr einer Reihe von unbedeutenden Lehrern überlassen blieb. Sein warmfühlendes Gemüt liefs ihn bald an dem Schicksale des niederen Volkes, mit dem er von früh an in der Gesindestube des elterlichen Hauses und auf den Landgütern seines Vaters in vielfache Berührung kam, lebhaften Anteil nehmen und die tiefe Kluft zwischen den einzelnen Gesellschaftsschichten als harte Ungerechtigkeit empfinden; gleichzeitig warf er sich mit Eifer auf die Lektüre der in der Bibliothek seines Vaters zahlreich vertretenen Erzeugnisse der neueren deutschen und französischen Litteratur, und hierbei war es vor allem die Aufklärungsphilosophie Voltaires und der Encyklopädisten, die ihn fesselte und das durch eigene Anschauungen gewonnene Streben nach Erkenntnis der gesellschaftlichen Zustände zwecks Beseitigung ihrer Mängel schon früh in wissenschaftlich systematische Formen lenkte. Da er schon früh über die Verhältnisse seiner Geburt aufgeklärt wurde, hatte er sich in den aristokratischen Gesellschaftskreisen in die ihn sein Vater zu lancieren wünschte, von vornherein als ein Fremder gefühlt; durch seine praktischen Beobachtungen und durch seine philosophischen Meditationen wurde er bald dazu gebracht, ein Leben in dieser auf äufseren Schein aufgebauten innerlich hohlen Gesellschaft, in der die glänzende Karriere im Staatsdienst das Ziel des höchsten Ehrgeizes war, mit Entschiedenheit von sich zu weisen und sich die Lösung allgemein menschlicher und gesellschaftlicher Probleme auf Grund des Studiums von Sitten und Denkweise der ersten Kulturnationen und wissenschaftlicher Kritik der geschichtlich herausgebildeten Verhältnisse zur Lebensaufgabe zu machen. Dafs seine lebhaft auffassende und tief empfindende

Natur dabei in erster Linie von den Erscheinungen der ihn zunächst umgebenden Welt in Anspruch genommen werden mufste, ist klar, zumal gerade in der Zeit, als Herzen in die reiferen Jahre trat, für Rufsland eine Periode der tiefgreifendsten Bewegung aller hervorragenden Geister angebrochen war.

Unter der Herrschaft Alexanders I. hatten sich in der gesamten gebildeten Gesellschaft liberale Ideen, religiöse Toleranz und das Streben nach Aufklärung verbreitet und Wurzel gefafst; anfangs von oben her begünstigt, sahen sich diese Bestrebungen infolge des reaktionären Umschwungs, der sich gegen Ende der Regierung Alexanders immer mehr bemerkbar machte, alsbald zur Opposition gegen die leitenden Kreise genötigt und zugleich in die Notwendigkeit versetzt, einer von der Gesellschaft ausgehenden Reform Bahn zu brechen; da es sich vorerst darum handelte, über die zu erstrebenden Ziele Klarheit zu gewinnen, hatte innerhalb der denkenden Kreise des Volks ein Kampf der Geister begonnen, dessen Hauptsitz anfänglich die Freimaurerlogen[1] darstellten, als aber letztere verboten wurden (1823) bildete sich eine Reihe geheimer Gesellschaften, unter denen der „Bund des Nordens", der „Bund des Südens" und die „vereinigten Slaven" schnell zu grofser Verbreitung gelangten und sich insbesondere innerhalb der Garde Anhänger verschafften. Man hatte die Verfassungskämpfe West-Europas selbst mit angesehen und den Gedanken eines Selbstbestimmungsrechts der Völker schnell erfafst; was Wunder, dafs da in patriotisch gesinnten Kreisen der Wunsch rege wurde, auch das engere Vaterland der Wohlthaten der Freiheit teilhaftig zu machen. Ohne dafs man sich vorerst mit Aufstellung theoretischer Postulate auf dem socialen Gebiete abgab, gipfelten die Gedanken aller dieser Kreise vornehmlich in dem Streben nach Verleihung einer konstitutionellen Verfassung; man glaubte und hoffte, dafs das

---

[1] In fesselnder Weise schildert Tolstoi in seinem historischen Roman „Krieg und Frieden" das geistige Leben und Treiben der damaligen Zeit, auch insbesondere das Freimaurerwesen.

russische Volk befreit von den einengenden Fesseln persönlicher Unfreiheit und gouvernementaler Bevormundung die in ihm schlummernden Fähigkeiten rasch entfalten und sich den gebührenden Platz unter den Kulturstaaten Europas erwerben werde. Indem man jedoch seitens der Regierung durch repressive Maſsregeln die Bewegung zu unterdrücken strebte, zwang man sie zu einer immer mehr oppositionellen Stellungnahme und lieſs den Gedanken aufkeimen, daſs es zur Erreichung des Erstrebten einer radikalen Änderung der bestehenden Gewalten bedürfe; das republikanische Ideal, von Hause aus auſserhalb des Ideenkreises liegend, wurde vom extremeren Teil der russischen Jugend immer mehr auf die Fahne geschrieben. Im Dezember 1825 kam es in Petersburg zum offenen Aufstande, als nach dem Tode Alexanders an Stelle des für liberal geltenden Konstantin der jüngere Bruder Nikolai den Thron bestieg; die Niederschlagung der Revolte[1] und die Hinrichtung der Hauptrádelsführer bildeten das erste Glied in der Kette aller der Regierungshandlungen, die den folgenden 30 Jahren ihren Stempel aufdrückt und sie zu einer Epoche der Reaktion im weitesten Sinne gemacht haben. Naturgemäſs verschwand dabei die liberale Bewegung fast ganz von der Oberfläche, um jedoch eben darum im Stillen von ihren Anhängern um so eifriger gepflegt und gefördert zu werden; in erster Linie fand sie unter der studierenden Jugend an der Moskauer Hochschule günstigen Boden, und hier war es auch, wo Herzen zuerst zur Anteilnahme an den geistigen Bestrebungen des auf Reformen hinarbeitenden jungen Ruſslands herangezogen wurde.

Seit dem Jahre 1829 war Herzen als Student der physiko-mathematischen Fakultät inskribiert; weit wichtiger jedoch als das Studium der Naturwissenschaften war für ihn die Bekanntschaft mit den innerhalb der studierenden Jugend vertretenen geistigen Strömungen, zu denen er nicht nur

[1] Pestel, der Hauptführer der revolutionären Propaganda, Rylejew, auch als Dichter populär, Kachowskij, Murawjew-Apostol und Bestuschew-Rjumin wurden hingerichtet, die übrigen „Dekabristen“ zumeist lebenslänglich nach Sibirien verbannt.

sofort Stellung zu nehmen hatte, sondern innerhalb welcher er durch seine leidenschaftliche Hingabe und Begeisterungsfähigkeit beim Verfolgen ideeller Bestrebungen zu einer führenden Stellung schnell sich aufschwang. Freie wissenschaftliche Forschung auf den verschiedensten Gebieten bildete in diesen Kreisen die Grundlage aller Weltauffassung; das Studium westeuropäischer Verhältnisse und der Versuch einer Übertragung der dort proklamierten Doktrinen [1] in das eigene Vaterland waren die nächstliegenden praktischen Aufgaben; dafs man dabei alsbald in Radikalismus verfiel, war die Folge einerseits der beständigen Repressionen von oben her, andrerseits bedingt durch den hierzu besonders verleitenden Charakter der in Westeuropa gerade damals mehr zur Geltung kommenden Tendenzen. Die Julirevolution von 1830 blieb auch auf die russische Jugend nicht ohne dauernden Einflufs und stärkte die Opposition gegen den Gouvernementalismus, die, wenn auch ohne an praktische Bethätigung im öffentlichen Leben zu denken, doch den Regierungskreisen gefährlich genug erschien, um zu energischem Eingreifen zu veranlassen; es erfolgte eine Reihe von Verhaftungen und Verbannungen; auch Herzen wurde 1834 verhaftet und im folgenden Jahre nach Wjatka verschickt. Der mehrjährige Aufenthalt in einer kleinen Gouvernementsstadt im äufsersten Osten Rufslands, fast gänzlich abgeschnitten von aller europäischen Kultur, innerhalb einer fast durchweg aus rohen, ungebildeten Beamten bestehenden Gesellschaft konnte nichts anders als Herzen in seiner Abneigung gegen die in seinem Vaterlande bestehenden Verhältnisse bestärken; die dort gewonnene Kenntnis von Dingen und Zuständen, die sich bisher seinem Blick entzogen, insbesondere des Tschinowniktums bis in seine Details hinein trug jedoch dazu bei, ihn von allgemeinen idealen Schwärmereien von Freiheit, Aufklärung und Fortschritt zu nüchterner Denkweise zu bringen und ihn auch die praktischere Ausgestaltung seiner Ideen ins Auge fassen zu lassen. Nachdem

[1] Auf dieselben wird späterhin näher einzugehen sein.

er auf Verwendung des Thronfolgers hin zu Ende 1838 Wjatka hatte verlassen dürfen, wurde es sein sehnsüchtiger Wunsch, durch eigene Anschauungen seine Kenntnis europäischer Zustände vervollständigen zu können; doch erst nach Verlauf weiterer 10 Jahre, während welcher er teils als Beamter in Wladimir, Petersburg und in nochmaliger Verbannung in Nowgorod, teils als Privatmann, ausschliefslich litterarischen Studien sich widmend, in Moskau gelebt hatte, konnte dieser Wunsch in Erfüllung gehen[1].

Im Jahre 1847 verliefs er Rufsland, um nie wieder dahin zurückzukehren; damit beginnt zugleich der für seine wissenschaftliche Bedeutung ungleich wichtigere Abschnitt seines Lebens; immer mehr tritt er mit seinen Ansichten an die Öffentlichkeit, durch die unmittelbare Berührung mit den ersten Repräsentanten aller geistigen Bestrebungen auf socialem Gebiete erweitert und vertieft sich sein Gedankenkreis und alsbald steht er als Parteiführer von weittragendstem Einflusse da, der das Losungswort für die Bestrebungen einer weithin ausgebreiteten Schar von Anhängern zu geben hat und der in sich eine geistige Macht repräsentiert, mit der selbst die kaiserlich russische Regierung zu rechnen hat. Nachdem er sich ein Jahr in Deutschland und Italien aufgehalten, kam er gerade rechtzeitig nach Paris, um selbst Zeuge der Umwälzungen des Jahres 1848 zu werden; in seiner sympathischen Anteilnahme für die Leiden der niederen Volksklassen, durch regen Verkehr mit Männern wie Louis Blanc, Barbès, Blanqui u. a. bestärkt, konnte er nicht anders, als sich im Widerstreit der Gesellschaftsklassen zum ausgesprochenen Gegner der Bourgeoisie und Anhänger des Proletariats zu bekennen; getäuscht in den durch die Ereignisse des Jahres 1848 erweckten revolutionären Hoffnungen, beschlofs er für seinen Teil den Kampf weiterzuführen. Er

---

[1] Im Jahre 1838 hatte Herzen einen der tiefsten Herzensneigung entsprossenen Ehebund mit Natalie Alexandrowna Sackarin geschlossen.

Über die Jahre 1835 bis 1838 vgl. das Nähere im Briefwechsel Herzens mit seiner Braut, veröffentlicht in der Zeitschrift „Russkaja Misslj" („Der russische Gedanke") 1893.

liefs sich 1852 in London nieder, wo er vorerst einige Jahre als Privatmann seiner litterarischen Thätigkeit lebte, zumeist zusammenarbeitend mit seinem Freunde und hervorragendsten Gesinnungsgenossen Ogarew; bald jedoch hatte er Beziehungen mit den revolutionären Bewegungen aller Länder gewonnen, hatte mit Garibaldi und Giuseppe Mazzini, mit Louis Blanc und Kossuth, mit G. Kinkel und K. Schurz u. a. immer engere Fühlung erreicht, nicht zu reden von seinen Landsleuten, an deren Spitze in diesem Sinne damals Bakunin stand, und es drängte ihn, sich ein geeignetes Wirkungsfeld zur Verbreitung seiner Anschauungen zu schaffen. 1854 gründete er in London die „freie russische Druckerei", im folgenden Jahre das Journal „Der Polarstern" und die Wochenschrift „Kolokol" (die Glocke); sein Ziel war dabei schonungslose Kritik aller Mifsstände der alten Gesellschaftsordnung, insbesondere in allen Zweigen des Staatslebens seiner Heimat und Aufstellung von Direktiven für eine Neuordnung der Dinge. Von allen Seiten wurde ihm aus Rufsland Material zugetragen, und wurden ihm Thatsachen mitgeteilt, die unter Mitteilung aller auf Personen und Sachen bezüglichen Einzelheiten dem „alten System" in vernichtender Anklage vorgehalten wurden und besonders den „Kolokol" schnell zu einem in ganz Rufsland von der einen Seite auf das äufserste gefürchteten, von der anderen Seite doch für unfehlbar erklärten und über alles hochgehaltenen Tribunal der öffentlichen Meinung machten. Während der ersten Jahre dieser seiner journalistischen Thätigkeit blieb Herzen mit seinen Forderungen an die Regierung in gemäfsigten Schranken; seine Hauptpostulate waren die Aufhebung der Leibeigenschaft, die Abschaffung der körperlichen Strafe und Censur, die Öffentlichkeit der Gerichte, auf die er mit allen Mitteln hinarbeitete. Doch immer mehr wurde er auf die Bahn der Opposition gedrängt, und, beeinflufst durch Bakunin, die Brüder Kelisiew u. a., verfiel er in immer radikalere Anschauungen, wurde er in seinen Forderungen schrankenloser, ohne jedoch jemals auf die Pläne einer gewaltsamen Umwälzung einzugehen, welche von Bakunin befürwortet wurde[1]. Dafs gleichzeitig seine dämonische Macht über die Geister in allen gebildeten Kreisen Rufslands stetig sich steigerte, trug nur dazu bei, ihn ins Extrem zu treiben und immer mehr zur Negation aller politisch bestehenden Ordnung zu bringen. Das Jahr 1863 brachte für ihn den Höhepunkt, aber auch die Krisis; die polnische Revolution brach aus, Herzen nahm für sie begeistert Partei und verscherzte damit die Sympathie der russischen Patrioten; im geeigneten Augenblick trat Michael Katkow in seiner Monatsschrift „Der russische Bote“ mit einer Reihe von Artikeln hervor, in denen er das Unhaltbare und Utopische in dem Programm Herzens schlagend nachwies; von der übrigen russischen Presse vielfach unterstützt, gelang es ihm unerwartet schnell, den Einflufs, den bislang Herzen auf die öffentliche Meinung ausgeübt hatte, in überwiegendem Mafse an sich zu reifsen. Der „Kolokol“ bestand noch einige Jahre weiter, ohne jedoch auch nur annähernd sich zu seiner früheren Bedeutung aufschwingen zu können; er erschien in den Jahren 1863—65 in französischer Übersetzung in Brüssel, und im Russischen noch bis 1869. Herzen erkannte, dafs sein Einflufs auf die russische Jugend auf diesem Gebiete nicht wieder zu erringen sei; er zog sich von der Öffentlichkeit zurück, und hatte eben erst begonnen, unter den neuen Lebensverhältnissen sich für eine Fortsetzung seiner Thätigkeit, wenn auch auf anderem Wirkungsgebiete, den Plan zu entwerfen, als ein unerwartet rasches Ende seinem Leben ein Ziel setzte; noch in vollster Kraft und Rüstigkeit stehend, wurde er am 21. Januar 1871 nach kurzer Krankheit von einer Lungenentzündung dahingerafft.

In Anlehnung an diese flüchtige Skizzierung des äufseren Lebensganges Herzens wird ein Überblick über die Produkte seiner schriftstellerischen Thätigkeit uns die nötige Handhabe zur Betrachtung seiner darin niedergelegten Anschauungen bieten.

---

[1] Vgl. Sammlung der hinterlassenen Schriften A. J. Herzens S. 288 ff.: „Briefe an einen alten Freund.“ Genf-Basel-Lyon 1874.

In den während seines Aufenthaltes in der Heimat entstandenen Schriften konnten seine Ansichten auf politischem Gebiete infolge der mit grofser Strenge gehandhabten offiziellen Zensur aller literarischen Erscheinungen naturgemäfs weniger scharf zu Tage treten, auch sind seine Schriften[1] aus jener Zeit, wie sie zum Teil in den „Vaterländischen Blättern“ und anderen Zeitschriften, zum Teil in Broschürenform erschienen sind, vorwiegend allgemein wissenschaftlich kritischen auch philosophisch spekulativen und ästhetischen Inhalts. Zu nennen sind:

„Über den Dilettantismus in der Wissenschaft“ 1842.
„Die Dilettanten der Romantik“ 1842.
„Die Dilettanten und die Innung der Gelehrten“ 1842.
„Der Buddhismus in der Wissenschaft“ 1843.
„Briefe über die Naturwissenschaft“ 1845.
„Erzählungen aus der Zeit der Merowinger“ 1842.
„In Anlafs eines Dramas“ 1842.

Ähnlichen Inhalts sind einige kürzere unbedeutendere Essays.

Über die persönlichen Erlebnisse Herzens besitzen wir ein Tagebuch aus den Jahren 1842—45, das anknüpfend an momentan ihn interessierende Personen und Ereignisse oft auch tiefergehende Reflexionen bringt.

Fast durchweg socialpolitischen Inhalts sind die Romane und Novellen:

„Wer ist schuld“ 1841—46.
„Die diebische Elster“ 1846.
„Doktor Krupow“ 1846.
„Im Vorübergehen“ 1846.
„Die Pflicht vor Allem“ 1851.
„Der Geisteskranke“ 1851.

Ihnen schliefsen sich die auf eigene Erlebnisse basierenden, die Zeitereignisse kritisierenden und daraufhin Betrachtungen anstellenden „Briefe aus Frankreich und Italien“ an.

---

[1] Die Schriften Herzens sind teils russisch, teils französisch abgefafst; deutsche Übersetzungen existieren vom gröfseren Teile der „Memoiren“ und von den Aufsätzen „Rufslands sociale Zustände“, „Vom anderen Ufer“ und „Die Pflicht vor Allem“; ferner einigen andern Einzelschriften. Hier sollen der Einfachheit wegen alle Titel deutsch wiedergegeben werden.

Noch wertvoller sind die in Paris und London verfafsten Essays; in ihnen findet sich die Quintessenz der Herzenschen Weltanschauungen. Die wichtigsten sind:

„Rufslands sociale Zustände."

„Vom anderen Ufer" enthaltend: Vor dem Gewitter. Nach dem Gewitter. Der LVII Jahrestag der Republik. Vixerunt. Consolatio. Epilog zum Jahre 1849. Omnia mea mecum porto. Donoso Cortes.

„Das russische Volk und der Socialismus."

„Das getaufte Eigentum."

„Die alte Welt und Rufsland."

„Die freie russissche Buchdruckerei in London."

„St. Georgs-Tag".

„Die Polen verzeihen uns."

„Die freie russische Gemeinde in London".

„Der XXIII Jahrestag des polnischen Aufstandes in London."

„Volksversammlung zum Andenken an die Februar-Revolution."

Das umfangreichste Werk Herzens ist „Gedachtes und Erlebtes[1]." Es sind das Memoiren, die aufser der Lebensgeschichte des Verfassers bis in das Ende der 60er Jahre hinein, gewissermafsen sein Glaubensbekenntnis[2] in der Darlegung seiner Denk- und Beobachtungsweise auf den verschiedensten Gebieten des menschlichen Lebens darstellen. In ihnen finden sich auch eine Reihe selbständiger Essays socialpolitischen Inhalts: „Das rote Hemd", „Ende und Anfang" etc. Unter den in die Sammlung[3] der Herzenschen Werke aufgenommenen späteren Journalartikeln sind zu

[1] Deutsch: Memoiren eines Russen. Hamburg 1858—59. a. Im Staatsgefängnis und in Sibirien. b. Neue Folge Petersburg und Nowgorod. c. Dritte Folge. Jugenderinnerungen. d. Vierte Folge. Gedachtes und Erlebtes.

[2] Vgl. Gesammelte Werke, Band 6. Vorwort zu Gedachtes und Erlebtes, Widmung an N. P. Ogarew.

[3] Die Gesammelten Werke Herzens erschienen in russischer Ausgabe in den Jahren 1875—79 bei H. Georg in Genf.

nennen „Moskau und Petersburg“ (Kolokol 1857) und „Nowgorod und Wladimir“ (Polarstern 1855). Eine Ergänzung von „Gedachtes und Erlebtes“ findet sich in der 1874 erschienenen Sammlung nachgelassener Schriften Herzens; in derselben sind ferner die an Bakunin gerichteten, aus seinem letzten Lebensjahre stammenden „Briefe an einen alten Freund“ von besonderem Interesse. Zur Darstellung der praktischen Vorschläge Herzens wurde eine Schrift seines Gesinnungsgenossen und Freundes Ogarew: „Versuch über die Lage in Rufsland“ herangezogen. Von Interesse für die Beurteilung der Ideen Herzens sind auch die zahlreichen an ihn gerichteten Briefe seiner Gesinnungsgenossen, wie z. B. die Briefe Kawelins nnd Turgenjews[1].

Dafs Herzen sich durch diese seine litterarischen Werke den Anspruch auf einen Platz unter den hervorragendsten russischen Schriftstellern und Vertretern der Gesellschaftswissenschaften erworben hat, und welches im besonderen die Stellung ist, die er in der Entwickelungsgeschichte des Socialismus einnimmt — dieses darzulegen, soll im folgenden der Versuch gemacht werden. —

[1] Diese Briefe erschienen mit erläuternden Bemerkungen von M. Dragomanow in Genf 1892. Ferner wurden Briefe Bakunins, Samarins, Aksakows u. a. in der Zeitschrift „Das freie Wort“ 1881 abgedruckt.

Herzens theoretische Ansichten.

Von jeher waren es zwei Triebe[1] in der Brust des Menschen, die, oft miteinander im Widerstreit, die Handlungen desselben bestimmten, somit die ersten Impulse zur Ausgestaltung der aus der Summe jener menschlichen Handlungen bestehenden geschichtlichen Entwickelung der Völker gaben, wir meinen jene beiden Triebe, die ihren Fufspunkt auf der einen Seite im Recht des Individuums, auf der anderen Seite im Rechte der Gesamtheit suchen, und sich vor allem im Triebe der Selbsterhaltung, der Erhaltung der Person und im Triebe der Reproduktion, der Erhaltung der Gattung äufsern. Hiervon ausgehend sind mit zunehmender menschlicher Kultur und mit weiterer Ausgestaltung und Verfeinerung menschlicher Lebensäusserungen immer neue Formen dieser beiden Grundtriebe in die Erscheinung getreten; dem rücksichtslos proclamierten Anspruche, dem rein persönlichen Gewinne alle anderen Rücksichten und Interessen unterzuordnen, trat die um so entschiedener gestellte Forderung nach Hingabe der Persönlichkeit an die Gesamtheit unter Voranstellung der Interessen der Gattung, der Gesellschaft, der Gemeinschaft auf Kosten des einzelnen Gliedes entgegen; so sehen wir unter dem Zeichen des Kampfes zwischen Egoismus und Altruismus sich die Entwickelung der menschlichen Schicksale wie auf allen Gebieten des Lebens, so auch im besonderen auf dem wirtschaftlichen Gebiete voll-

[1] Vgl. Emile de Laveleye „Le socialisme contemporain“. Bruxelles 1881. S. 5 ff.

ziehen[1]. Eine reine Scheidung der beiden Faktoren im extremen Sinne war dabei durch ihre naturgesetzte Notwendigkeit ausgeschlossen, und, soweit wir zurückblicken können, enthielt jede bedeutendere Geisteserscheinung von altersher wesentliche Elemente beider Richtungen; eben in ihrem nahen Zusammenwohnen lag der Sporn zu immer präziserer Ausgestaltung der beiden Prinzipien, die dann jedes Mal in die durch den Charakter der Zeitverhältnisse bedingten Formen traten. In der gesellschaftlichen Entwicklung unserer Tage haben sie sich in die Erscheinungen des Individualismus und des Socialismus gekleidet.

Der Socialismus wird darum oft falsch verstanden, weil man seine zeitweilige Äufserung für sein Wesen nimmt, statt auf seine in der ursprünglichen Entwickelung des Menschengeschlechts beruhenden Anfänge zurückzugehen; man übersieht, dafs die Wahrung und Verfolgung der Zwecke der societas vor denen des Einzelnen sein Grundsatz ist, und glaubt ihn, wenn man sieht, dafs er — wie naturgemäfs — für die jeweilig die Majorität dieser societas bildenden Gruppen in Anspruch genommen wird, als ein a priori die Suprematie eben dieser Stände bezweckendes System ansprechen zu dürfen[2], oder aber man fafst Ideen, die erst im Werdeprozefs der menschlichen Kultur mit ihm in Verbindung traten, — vielleicht um wieder aus dieser Verbindung gelöst zu werden — als seine notwendigen Attribute auf, so in erster Linie die sociale Idee der Gleichheit[3].

In den Gesetzgebungen und philosophischen Systemen

---

[1] Vgl. Jul. Wolf, Socialismus und kapitalistische Gesellschaftsordnung, Stuttgart 1892. S. 24 ff. und 96 ff. — L. Stein, Geschichte der socialen Bewegung in Frankreich. Band II, S. 190 u. 191. Leipzig 1850.

[2] Vgl. L. Stein, Der Begriff der Gesellschaft und die Gesetze ihrer Bewegung als Einleitung zur Geschichte der socialen Bewegung Frankreichs. S. CXI ff. — Schäffle, Die Quintessenz des Socialismus. 13. Aufl. Gotha 1891. S. 65.

[3] Vgl. Schäffle, sowie auch anderweitig bei Stein. Eine Folge dieser Gedankenrichtung ist auch die heutzutage in gebildeten Kreisen oft genug

des Altertums finden wir bereits socialistische Gedanken in hervorragendem Maſse vertreten [1], vor allem waren es jedoch neu sich Bahn brechende Religionen, die dieses Elements nicht entraten konnten; den Beweis dafür haben der Buddhismus und weit mehr noch das Christentum erbracht. Die Idee der allgemeinen Menschenliebe, die auch unter dem elendesten Gliede der menschlichen Gesellschaft den Mitbruder erkennen läſst, eine einseitige Ausnutzung der Schwächeren durch den Stärkeren verbietet, und allen den gleichen Anspruch auf Glück und Befriedigung zuerkennt, ist in der That ein Grundgedanke des Socialismus; daſs dieser Gedanke in der katholisch-mittelalterlichen Ausgestaltung des Christentums ebenso vielfach entstellt und in den Hintergrund gedrängt wurde, wie das heutzutage durch extreme und einseitige Verfechter der Richtung geschieht, ändert nichts an seiner grundlegenden Bedeutung. Daher mussten jene Ausartungen auch notwendigerweise eine Reaktion hervorrufen; nachdem die ersten Versuche einer reineren Darstellung der socialistischen Grundgedanken sich durch einen mehr utopisch-romanhaften Charakter ausgezeichnet hatten [2], schaffte zuerst Rousseau die philosophische Grundlage, auf der sich die Bewegung in ihrer modernen Gestalt weiterbilden konnte. Das Verdienst realerer Ausbildung und Übertragung dieser Ideen in die einzelnen Gebiete des gesellschaftlichen Lebens erwarben sich zuerst in Frankreich Saint-Simon und Fourier, in England Robert Owen, in Deutschland Fichte [3]; daſs es gerade die französischen Socialisten waren, die zuerst in den

---

anzutreffende Verwechslung von Socialismus und Socialdemokratie, die sich sogar in den allgemeinen Sprachgebrauch einzubürgern beginnt, so z. B. in der Bezeichnung des Gesetzes gegen die Ausschreitungen der Socialdemokratie als „Sozialistengesetzes".

[1] Vgl. R. Meyer, Der Emanzipationskampf des vierten Standes. Bd. I. S. 12 ff.

[2] Wir erinnern dabei in erster Linie an Thomas Morus' Utopia, Campanellas Sonnenstaat, Fr. Bacons Nova Atlantis. Vgl. darüber Schlaraffia politica. Leipzig 1892. S. 42 ff., 71 ff., 122 ff.

[3] Vgl. R. Meyer, Der Emancipationskampf des vierten Standes. Bd. I. S. 25—36.

weitesten Kreisen Anhänger fanden, und die bis in die Mitte dieses Jahrhunderts für die Fortentwickelung der socialen Bewegung von mafsgebendem Einflusse blieben, findet in der führenden Rolle, welche Frankreich im politischen und gesellschaftlichen Leben Europas während dieser Zeit spielte, seine natürliche Erklärung.

Auch Rufsland konnte sich dem Eindringen der socialistischen Lehren nicht verschliefsen, zumal, seitdem in den Jahren der grofsen napoleonischen Kriege alle gebildeten Kreise des Landes mit der westeuropäischen und insbesondere der französischen Kultur nahe Fühlung genommen hatten [1]. Der Mittelpunkt alles geistigen Lebens daselbst war um diese Zeit die Moskauer Universität; hier war denn auch der Ort, an welchem der junge Alexander Herzen die bereits in früherem Alter empfangenen Eindrücke westeuropäischer Bildung festere Formen annehmen sah; das Resultat seines Entwickelungsganges in diesen Jahren war seine immer entschiedenere Stellungnahme im Sinne der Saint-Simonistischen Lehren.

Durch wissenschaftliches und insbesondere philosophisches Studium waren die kritischen Fähigkeiten Herzens früh geweckt worden, und in seinem Streben nach wahrer Erkenntnis des Wesens der Dinge war er alsbald zum Skepticismus gegenüber allgemein herrschenden Vorurteilen und überlieferten Dogmen gekommen; Hand in Hand damit war eine vollständige Loslösung von den durch die herrschenden Konfessionen dargestellten religiösen Vorstellungen und Glaubenssätzen gegangen [2]. In der Erkenntnis der Notwendigkeit neuer Stützpunkte des gesellschaftlichen Lebens war er durch die Anschauung des realen Lebens mit seinen besonders in Rufsland zu Tage tretenden Unebenheiten und Ungerechtigkeiten gefestigt worden [3]; die Knechtung der überwältigend

---

[1] Vgl. Lavigne, Introduction dans l'histoire du nihilisme, S. 85 ff. — A. Herzen, Rufslands sociale Zustände. S. 110.

[2] Gedachtes und Erlebtes. Herzens gesammelte Werke. Band 6. S. 29—60.

[3] Vgl. Rufslands sociale Zustände. Kap. V u. VI. S. 138—237.

grofsen Mehrheit des Volkes durch eine seiner Ansicht nach in keiner Weise dazu berufene Minderheit[1] hatte sein Gefühl empört, das nun in der „neuen Religion"[2] zum erstenmal seine entsprechende Befriedigung fand.

Die Auffassung Saint-Simons von der Menschheit als „un être collectif qui se développe"[3] darf wohl als der erste Grundton der gesamten Ideen Herzens bezeichnet werden, der für ihn mafsgebend war, noch bevor er seine Ausführung im Saint-Simonismus voll erkannt hatte; die natürliche Folge hiervon war, dafs jener vorzugsweise individualistisch gefärbte Liberalismus, wie er in den 1820er Jahren in Westeuropa und namentlich in Frankreich in Blüte stand, bald für ihn seine Anziehungskraft verloren hatte[4], zumal als diese Richtung in Frankreich immer mehr jenen Charakter angenommen hatte, wie er in den Anschauungen Lafayettes und Benjamin Constants und in den Gesängen Bérangers zum Ausdruck gelangte. Als sich dann während des polnischen Aufstandes die ganze Unfruchtbarkeit jener platonisch liberalisierenden Strömung gezeigt hatte, war in der russischen Jugend eine Spaltung eingetreten, indem sich die einen in das Studium der russischen Geschichte, die anderen in dasjenige der neueren deutschen Philosophie zu vertiefen begannen; doch konnten sich Herzen und Ogareff keiner dieser beiden Richtungen anschliefsen, da sie, in der Entwickelung ihrer kritischen Ansprüche den anderen vorausgeeilt, weder in der Chronik Nestors noch in dem transcendentalen Idealismus Schellings Antwort auf die von ihnen gestellten Fragen zu finden vermochten. Die Bekanntschaft mit den Lehren Saint-Simons, Enfantins und deren Genossen wirkten befreiend auf sie ein. „Feierlich und poetisch", heifst es bei Herzen, „er-

---

[1] Gedachtes und Erlebtes. Herzens ges. Werke. Bd. 7, S. 282.

[2] Gedachtes und Erlebtes. Herzens ges. Werke. Band 6, S. 195 ff.

[3] Vgl. L. Stein, Geschichte der socialen Bewegung in Frankreich. S. 189 ff.

[4] Vgl. Überflüssige Menschen. Ges. W. Bd. 10, S. 302 ff. — Das russische Volk und der Socialismus. Ges. W. Bd. 5, S. 198.

schienen inmitten der vom Geiste der Bourgeoisie erfüllten Welt diese begeisterten Jünglinge“ [1] — seiner Ansicht nach waren es die letzten Vertreter der französischen Jugend [2]. „Sie proklamierten einen neuen Glauben, in ihnen lag eine Macht, in deren Namen sie vor ihren Richterstuhl die alte Weltordnung fordern durften.“ Es waren vor allem die Postulate der Befreiung der Frau — ihrer Heranziehung zur allgemeinen Arbeit, Gewährung voller Selbstbestimmung, Gleichstellung mit dem Manne — und der réhabilitation de la chair — der Erlösung des Fleisches, alles Materiellen im Menschen von dem bis dahin auf ihm lastenden mystisch-transcendentalen Einflusse — in denen Herzen eine Welt neuer Beziehungen zwischen den Menschen, eine Welt der Gesundung, des Geistes, der Schönheit, — eine natürlich sittliche und eben darum auch sittlich reine Welt sich eröffnen sah [3]. Durch eine Jahrhunderte lange, nur auf das Metaphysische gerichtete Erziehung, hatten sich jene mönchisch korrumpierten Vorstellungen zur Geltung bringen können, die jede klare Wertschätzung aller Vorgänge des materiellen Lebens unmöglich machten [4]; indem nunmehr das Fleischliche im Menschen die reinigende Taufe erhielt [5], trat eine Religion des Lebens an die Stelle einer Religion des Todes, eine Religion des Schönen an die Stelle einer Religion der Furcht und der Geifselung in Gebet und Fasten. Der gekreuzigte Körper war seinerseits wieder auferstanden und hatte sich seiner selbst nicht mehr zu schämen; der Mensch gelangte auf diesem Wege zu harmonischer Einheit, es war ihm klar geworden, dafs er als einheitliches Wesen keiner aufserhalb seiner natürlichen Sphäre liegenden Attribute bedürfe.

Je mehr Herzen in die Saint-Simonistische Lehre eindrang, desto mehr wurde er in seiner realistisch-naturalistischen

---

[1] Gedachtes und Erlebtes. Ges. W. Bd. 6, S. 195, 196.
[2] Ebenda S. 183.
[3] Ebenda S. 196.
[4] Gedachtes und Erlebtes. Ges. W. Bd. 9, S. 68.
[5] cfr. 1.

Weltauffassung[1] bestärkt, desto entschiedener verwarf er jeglichen Dualismus. Gleichzeitig aber wurde er durch jenen Grundzug der Saint-Simonisten — und späterhin auch Proudhons — gefesselt, der darin bestand, dafs sie mit Hintansetzung der Leidenschaften und Gefühle nur dem Gedanken freien Spielraum gewährten, dafs sie in ihrem Streben nach der reinen Wahrheit nach der Anwendbarkeit derselben nicht fragten, das Richtige dem Möglichen, das theoretisch Erwiesene dem praktisch Realisierbaren vorziehend[2]; auch Herzen machte es sich zur Pflicht, wie jene, unbeirrt alle Konsequenzen des für wahr erkannten Princips zu ziehen, ohne zu gewahren, dafs er notwendigerweise bald dabei den realen Boden unter den Füfsen verlieren mufste; um der Erkenntnis der Dinge in ihrem wahren Wesen möglichst nahe zu kommen, hatte er sich von der Herrschaft des Gefühls emancipieren wollen, — um nunmehr auf der anderen Seite dem Banne logischer Abstraktionen zu verfallen[3]. Dem Entwickelungsgange Herzens war somit das Horoskop gestellt; seine streng realistische Betrachtungsweise der Dinge, welche jede aufsernatürliche Einmischung verwarf, und zu der sich seine hervorragend ausgebildeten logischen Fähigkeiten — in Erkenntnis von Zweck und Ursache — gesellten, mufsten ihn zum gründlichen Kenner und feinsichtigen Beurteiler geschichtlich gewordener menschlicher Verhältnisse und Zustände machen; wenn es aber galt, unter Verzichtleistung auf den durch die exakte Untersuchung gewonnenen Rückhalt die weitere Entwickelung eben dieser Verhältnisse und

---

[1] In philosophisch-kritischer Weise setzt Herzen diesen seinen Standpunkt in den Briefen über das Studium der Naturwissenschaften auseinander, die zugleich eine Betrachtung früherer Systeme enthalten. Ges. Werke. Bd. 2, S. 33—301. Desgleichen auch in den unter dem Einflusse von Feuerbachs Wesen des Christentums verfafsten Essays „Über den Dilettantismus in der Wissenschaft“. Ges. W. Bd. 1, S. 279—381.

[2] Es war diese doppelte Auffassungsweise, durch die späterhin Herzen auch mit Karl Vogt sympathisch verbunden wurde. Vgl. Gedachtes und Erlebtes. Ges. W. Bd. 9, S. 27—31.

[3] Vgl. Vom anderen Ufer. Vixerunt. Ges. W. Bd. 5, S. 91.

Zustände vorherzusehen, und Forderungen für deren notwendige Ausgestaltung aufzustellen, so mufste ihm sein in der Kühnheit seiner Schlufsfolgerungen durch nichts eingeschränkter Verstand notwendigerweise in Vorstellungen leiten, die, untereinander in systematischer Harmonie verbunden, zu allen Bedingungen der Möglichkeit und thatsächlichen Realisierbarkeit in umso schärferem Widerspruche standen.

Bewaffnet mit den Hülfsmitteln der Kritik, die ihm ein ausgiebiges Studium der verschiedensten Zweige der Naturwissenschaften und der Philosophie an die Hand gegeben hatte, richtete Herzen nunmehr seine Angriffe gegen alles, was bisher als Autorität gegolten hatte, um zu prüfen, inwieweit sich die von der neuen Lehre aufgestellten Forderungen in der Geschichte menschlicher Entwickelung erfüllt hatten; diese Forderungen aber gipfelten für ihn in dem Verlangen, die beiden unveräufserlichen Grundprincipien des menschlichen Lebens, den Egoismus und die Sociabilität, harmonisch und frei zu einander ins Gleichgewicht zu setzen [1]. Er setzte dabei voraus, dafs die Harmonie zwischen Persönlichkeit und Gesellschaft nicht ein für allemal hergestellt werden könne, dafs sie vielmehr durch jede einzelne Zeitperiode, ja fast in jedem einzelnen Lande sich eigenartig herausbilden müsse, und wie alles Lebendige sich mit den Umständen verändern müsse. Eine allgemeine Norm kann es dafür nicht geben; sehen wir doch, dafs in manchen Epochen es dem Menschen leicht fällt, sich der Gesamtheit anheimzugeben, dafs zu anderen Zeiten aber dieses Band nur mit den gröfsten Opfern erhalten werden kann [2]. Die schwierigste sociale Aufgabe besteht eben darin, die ganze Heiligkeit der persönlichen Rechte zu verstehen, ohne die Gesellschaft zu zerstören [3]. — In erster Linie wäre es Sache der Religion gewesen, diese Aufgabe zu erfüllen. Alle Religionen aber begründeten die

---

[1] Vgl. Vom anderen Ufer. Omnia mea mecum porto. Ges. W. Bd. 5, S. 156. — Das getaufte Eigentum. Ges. W. Bd. 5, S. 241.

[2] Ebenda S. 157.

[3] Briefe aus Frankreich und Italien. Ges. W. Bd. 4, S. 189.

Sittlichkeit auf den Gehorsam[1], das ist — auf eine freiwillige Sklaverei; darum wirkten sie auch zu allen Zeiten schädlicher auf das Leben der Völker ein, als irgend welche politische Institutionen; denn diese gründeten sich auf Gewalt, jene auf den mifsleiteten persönlichen Willen. Jener Gehorsam involviert gleichzeitig ein Übertragen der gesamten persönlichen Selbständigkeit in verallgemeinerte unpersönliche Sphären, die für keinen menschlichen Einflufs erreichbar sind. Das Christentum, eine Religion der Widersprüche, anerkannte auf der einen Seite den unbegrenzten Wert der Persönlichkeit, gleichsam nur um dieselbe um so nachdrücklicher durch die göttliche Gewalt der Kirche erdrücken zu können; und diese Anschauungsweise drang in die Sitten ein, und erarbeitete sich ein gesamtes System sittlicher Unfreiheit mit einer eigenen in sich ungemein konsequenten Dialektik. In vier Jahrhunderten des Kampfes, in sechs Jahrhunderten der Barbarei wurde die Welt dermafsen umgetauft, dafs aus dem befreienden Evangelium der bedrückende Katholicismus, aus der Religion der Liebe und Gleichheit eine Kirche des Krieges und des Blutvergiefsens entstanden war[2]. In der Reaktion dagegen mischten sich dann wohl mehr weltliche Elemente mit der christlichen Sittenlehre, aber die Grundlagen blieben dieselben[3]; die Persönlichkeit, die thatsächliche wahre Monade der Gesellschaft, wurde immer irgend einem allgemeinen Begriff geopfert. Für wen man arbeitete, wem man sich opferte, wen man befreite, indem man die eigene Freiheit dahingab — danach wurde nicht gefragt. Und wenn auch auf diesem Wege manches grofse Resultat erreicht ward, so wurde doch der Entwickelungsgang der Völker durch die angewandten Erziehungmafsregeln dauernd gehemmt, indem der Festsetzung falscher Vorstellungen im Gemüte des Menschen der Boden bereitet wurde. Die Gesamtheit aller der Anschauungen, auf die sich die sittliche Unfreiheit des Menschen und die

[1] Vom anderen Ufer. Ges. W. Bd. 5, S. 150 ff.

[2] Vom anderen Ufer. Consolatio. Ges. W. Bd. 5, S. 115 ff.

[3] Vom anderen Ufer. Omnia mea mecum porto. Ges. W. Bd. 5, S. 151 ff.

Erniedrigung seiner Persönlichkeit begründet, beruht ihrerseits fast ganz auf dem Dualismus, der unser Urteil durchtränkt; und dieser Dualismus ist eben nichts anderes, als das logisch konstruierte, von Tradition und Mysticismus befreite Christentum, dessen Bestreben es ist, thatsächlich unzertrennliche Dinge — Körper und Geist — voneinander zu scheiden: der Mythus des Evangeliums von der Versöhnung von Gott und Mensch durch Christus in die Sprache der Philosophie übersetzt. —

Bezüglich dieser Kritik des Dualismus und des Christentums im besonderen durch Herzen läfst sich in hervorragendem Mafse der Einflufs Enfantins [1] auf seine Anschauungen nachweisen; in der Exposition de la foi Saint-Simonienne wird ebenfalls jener „Dualisme catholique" als der wunde Punkt aller Religionen hingestellt und die Harmonie von Geist und Fleisch als die höchste Bestimmung des Erdenlebens von Enfantin bezeichnet. Inwieweit letzterer von Fourier geschöpft haben mag, der vor allem in der „Théorie des quatre mouvements" [2] den Grundgedanken des Widerspruchs zwischen Lust und Sollen, zwischen Fleisch und Geist aufgestellt hatte, mag dahingestellt bleiben; mit den Schriften Fouriers und seiner Schüler wurde Herzen jedoch erst bedeutend später bekannt, als mit dem Saint-Simonismus, dessen direkten Einflufs er in einer Zeit erfuhr, als er kaum erst begonnen hatte, sich eine eigene Überzeugung zu gewinnen; dafs er dabei von den genialen Vertretern der Schule viel recipierte, ist nur natürlich: während er sich die Ideen Enfantins über den Dualismus in der geistigen Welt zu eigen machte, folgte er Bazard in der Konstruierung des Antagonismus zwischen Individualität und Gesamtheit, der von letzterem in der materiellen Welt nachgewiesen worden war [3].

---

[1] Vgl. L. Stein, Geschichte der socialen Bewegung in Frankreich. Bd. 2, S. 207, 234.

[2] Ebenda S. 273 ff. — Charles Fourier, Théorie des quatre mouvements. S. 46.

[3] Vgl. L. Stein, Geschichte der socialen Bewegung in Frankreich. S. 190. — Doctrine de Saint-Simon; exposition. 1828—30.

— Das Urteil, das Herzen über die bestehenden religiösen Systeme gefällt hatte, mufste sich folgerichtig auch auf die gesamte Moral[1] erstrecken, die auf dieselben Anfänge, wie jene, begründet ward. Da diese Moral[2] von uns Menschen ein beständiges Opfer, eine ununterbrochene heldenhafte Selbstverleugnung verlangt, sind ihre Forderungen gröfstenteils nie erfüllt worden[3]; das praktische Leben hat die Theorie nicht anerkannt, und die Menschen haben sich an diesen beständigen Widerspruch gewöhnt, nachdem ihnen ihre Begriffe dauernd verwirrt worden sind, indem sie von der Koexistenz von idealen Elementen und tierischen Eigenschaften in ihrem Innern überzeugt worden sind[4]; die Kirche aber war stets bestrebt, durch Indulgenz und Sündenvergebung die Regulierung des Contos mit dem erschreckten Gewissen zu erleichtern, aus Furcht, die Verzweiflung möge den Menschen zu anderer Denkweise bringen.

Das Urteil der Beobachter menschlicher Entwickelungsgeschichte konnte sich dem Einflusse dieser übernatürlichen Moral nicht verschliefsen[5]; auf Grund der vorgefafsten idealisierten Anschauungen stellte man von Hause aus viel zu hohe Anforderungen an die Menschen, und spielte die Rolle des strafenden Richters, während die Menschheit doch vielmehr des Arztes bedurft hätte, der, anstatt zu verdammen, ihren Zustand physiologisch untersucht und auf Mittel zur Heilung gesonnen hätte; denn wie ungerecht erscheint ein solches Verdammen, da wo die Verhältnisse doch ohne erkenntnisklares Bewufstsein herbeigeführt wurden, indem der Unverstand der grofsen Massen mit der elementaren Kraft einer Naturgewalt Erscheinungen zu Tage förderte, bei denen

---

[1] Briefe aus Frankreich und Italien. Ges. W. Bd. 4, S. 340.

[2] Vom anderen Ufer. Omnia mea mecum porto. Ges. W. Bd. 5, S. 152 ff.

[3] Vom anderen Ufer. Donoso Cortes. Ges. W. Bd. 5, S. 168.

[4] Vom anderen Ufer. Consolatio. Ges. W. Bd. 5, S. 103 ff.

[5] Vgl. Vom anderen Ufer. Vor dem Gewitter. Ges. W. Bd. 5, S. 37.

das Verlangen nach Konstruierung von Schuld und Verantwortung ein gänzlich unberechtigtes wäre[1]. —

Es ist dieses eine der Lieblingsideen Herzens; als ihren Vertreter schuf er sich in dem Doktor Krupow einen häufig in seinen Schriften wiederkehrenden Typus[2]. Wir sehen in ihm den nüchtern klaren Forscher, der mit dem Seciermesser in der Hand das vor ihm liegende Objekt in seine anatomischen Bestandteile zerlegt, um seine Zusammensetzung zu erkennen; er ist der vorurteilsfreie Beobachter, der jede sich ihm darbietende Erscheinung im menschlichen Leben auf ihre notwendig bedingenden Voraussetzungen zurückführt; im Roman als vermittelnde Persönlichkeit bei der Intrigue verwertet, ist er stets derjenige, der die Übertretungen der anderen nicht als straffälliges Delikt, sondern als Heilung erheischende pathologische Erscheinung betrachtet; am schärfsten skizziert endlich erscheint er in einer Reihe kurzer satirischer Essays, in denen Herzen ihn die Rolle eines Irrenarztes spielen läſst, der durch langjährige Praxis schlieſslich dahin gelangt ist, alle Menschen für mehr oder weniger geistesgestört zu halten, und nun in den verschiedensten alle Gesellschaftsschichten umfassenden Fällen auch bei scheinbar vernünftigen Menschen die Symptome der Abnormität nachweist[3].

Es ist klar ersichtlich, wie sehr es das Bestreben Herzens war, auch seinerseits diesen seinen Idealtypus des Kritikers

---

[1] Vom anderen Ufer. Vixerunt. Ges. W. Bd. 5, S. 76, 77. — Vom anderen Ufer. Das LVII. Jahr der Republik. Ges. W. Bd. 5, S. 66. — Das russische Volk und der Socialismus. Ges. W. Bd. 5, S. 187 ff.

[2] Vgl. Doktor Krupow, satirische Erzählung. Ges. W. Bd. 3, S. 327, 365. (Zuerst erschienen im Zeitgenossen 1847.) — Wer ist schuld? Roman. Ges. W. Bd. 3, S. 1—277. — Der Geisteskranke, satirische Novelle. Ges. W. Bd. 4, S. 87—117. — Aphorismata. Ges. W. Bd. 10, S. 405—433.

[3] Die Anklänge an Byron sind hierbei unverkennbar; „ich halte alle Menschen für verrückt, und alle Menschen halten mich dafür, ich bin im Nachteil, da ich ‚die Mehrheit gegen mich habe“, heiſst es ungefähr im Don Juan. Auch Herzen kommt gelegentlich darauf zu sprechen.

zu verwirklichen[1]; und wenn er sich mit seiner lebhaft phantastischen Natur häufig ablenkenden Einflüssen nicht entziehen konnte, so durfte er sich doch noch in der letzten Periode seines Wirkens das Zeugnis ausstellen, dafs er immer „ein guter Prosector" war[2]. Indem er sich jeglicher Romantik in der Betrachtung von Welt und Natur geflissentlich fernzuhalten suchte, leugnete er vor allem die Prädestination[3] in den Geschicken der Menschen, die Teleologie[4] in der Natur, die Existenz einer historischen arrière pensée[5]. Denn, wenn es eine solche gäbe[6], welche Veranlassung hätte sie gehabt, in der Geschichte der Menschheit zum zweitenmal ins Leben zu treten? Wenn sie aber erst durch die Ereignisse geschaffen und hergestellt wird, so wäre das ja gleichsam ein Prozefs der immakulierten Empfängnis, der in der Gegenwart eine vorherbestehende Idee schüfe, die dann verkündete, dafs sie auch in der Vergangenheit von jeher bestanden habe, und in der Zukunft weiterbestehen werde; damit wäre denn der Menschheit als Gesamtheit eine unsterbliche Seele vindiciert. Das Leben[7] ist sich selbst sowohl Zweck, als Mittel, so Ursache, wie Wirkung; die Frage „warum lebt alles" darf überhaupt nicht gestellt werden. „Es ist die ewige Unruhe des thätigen angespannten Objektes, welches in ununterbrochener Bewegung das Gleichgewicht nur sucht, um es wieder zu verlieren, die ultima ratio, über die sich nicht hinauskommen läfst." Da erscheint denn der Mensch[8] in seinem Ursprunge nicht anders als — ein Tier mit hervorragend gut ausgebildetem Gehirn; ihm ward nicht die Gewandtheit des Tigers, noch die Kraft des Löwen zu

---

[1] Vgl. auch Vom anderen Ufer. Vixerunt. Ges. W. Bd. 5, S. 69—77.

[2] Ende und Anfang. Ges. W. Bd. 10, S. 274.

[3] Consolatio. Ges. W. Bd. 5, S. 109. — Vom anderen Ufer. Donoso Cortes. Ges. W. Bd. 5, S. 166. — Arabesken aus dem Westen. Heft 2. Ges. W. Bd. 8, S. 357.

[4] Vom anderen Ufer. Vor dem Gewitter. Ges. W. Bd. 5, S. 31 ff.

[5] Robert Owen. Ges. W. Bd. 9, S. 324 ff.

[6] Ebenda S. 327, 328.

[7] Consolatio. Ges. W. Bd. 5, S. 109.

[8] Ebenda S. 117 ff.

teil, dagegen aber ein Übermafs an Kombinationsgabe und Berechnung, verbunden mit einer Reihe friedfertiger Eigenschaften, die zugleich mit dem natürlichen Triebe des Zusammenlebens in gröfseren Scharen ihn auf die Anfangsstufe der gesellschaftlichen Entwickelung stellten. Der erste Schritt zur Civilisation aber war die Sklaverei. Man denke sich eine Herde wilder Pferde — und man wird auf vollendete Freiheit, gleichen Anteil aller an allen Rechten, in einem Wort auf vollsten Kommunismus stofsen; dafür ist aber eine Entwickelung hier nicht möglich, denn zur Entwickelung ist es erforderlich, dafs es dem einen Teil bedeutend besser, dem anderen schlechter ergehe; die ersteren schreiten dann auf Kosten der letzteren fort, denn die Natur kennt keine Schonung, wenn es gilt eine Entwickelung zu fördern. Da nun die Menschen von jeher es liebten sich unterzuordnen, sich an irgend etwas anzuschliefsen, sich hinter irgend etwas zu verbergen, bildete sich allmählich die Abhängigkeit in der Familie, im Stamme aus, und die Menschen verfielen in um so gröfsere Sklaverei, je fester und enger sich die Bande des gesellschaftlichen Lebens zusammenzogen.

Auf diesem Wege sehen wir mithin Herzen von seinem ursprünglich rein naturalistischen Standpunkte aus zur sociologischen Betrachtung gelangen. Aus den primitiven Naturgesetzen heraus gestalten sich mit fortschreitender Entwickelung die Grundformen gesellschaftlichen Zusammenlebens der Menschen; diese wiederum produzieren eine Anzahl von Faktoren, die in der beständigen Weiterbildung und Ausgestaltung ihrer wechselseitigen Beziehungen die sociale Geschichte der Menschheit darstellen.

Unter den die Entwickelung dieser socialen Geschichte bedingenden Prinzipien sind nach Herzen die schwerwiegendsten der persönliche Wille und die Macht[1]; ihre Veränderlichkeit bedingt den historischen Fortschritt; ihrem Einflusse ist es zuzuschreiben, dafs der gesammte bisherige Verlauf der menschlichen Geschicke als eine Herrschaft weniger über

---

[1] Vom anderen Ufer. Donoso Cortes. Ges. W. Bd. 5, S. 166.

viele erscheint, — dafs unsere Zivilisation, eine Zivilisation der Minorität, nur dadurch ermöglicht ist, dafs eine überwältigend grofse Majorität im Schweifse des Angesichtes für jene Minorität arbeitet[1]. Unsere gesammte Bildung, unsere litterarische und wissenschaftliche Entwickelung, unsere Vorliebe für das Verfeinerte, unsere Beschäftigungen haben zur Voraussetzung, dafs beständig von anderen dazu die Wege geebnet, die Mittel beschafft werden; die Arbeit anderer ist dazu erforderlich, um uns die zu unserer psychischen Ausbildung unentbehrliche Mufse zu verschaffen, jene thätige Ruhe, die es dem Denker ermöglicht sich zu konzentrieren, dem Dichter — zu träumen, dem Epikuräer — zu geniefsen, die die Vorbedingung der vielseitigen, luxuriösen, poetisch reichen Entwicklung unserer aristokratischen Individualitäten ist. Man müfste ein sentimentaler Moralist sein, um diesen Zustand unter allen Umständen für einen verderblichen zu halten; wenn jene Minorität sich in der That wohl und frei befand, und die Majorität dazu schwieg, so erscheint diese Form des Lebens dadurch in der Vergangenheit gerechtfertigt. Es ist gewifs nicht schade um die 20 Generationen von Deutschen, die dazu vorarbeiten mufsten, um die Existenz eines Goethe zu ermöglichen; und es ist nur erfreulich, dafs die von den Bauern eines Pskowschen Landgutes gezahlten Steuern die Möglichkeit zur Erziehung eines Puschkin gaben. Solange nun die entwickelte Minderheit, die das Leben ganzer Generationen in sich verschlang, nur kaum noch ahnte, woher ihr das Dasein so leicht gemacht wurde, und solange die Tag und Nacht arbeitende Majorität noch nicht klar erkannt hatte, dass der ganze Gewinn ihrer Arbeit anderen zuflofs, solange beide Teile das für die natürliche Ordnung der Dinge hielten, konnte sich diese Welt des verfeinerten Kannibalismus halten. Oft halten die Menschen ein Vorurteil, eine Gewohnheit für Wahrheit, dann drücken dieselben sie auch nicht; sobald sie aber begriffen haben, dafs ihre Wahrheit ein Un-

---

[1] Vom anderen Ufer. Das LVII. Jahr der Revolution. Ges. W. Bd. 5, S. 61 ff.

sinn ist, ist die Sache zu Ende, dann wird man den Menschen nur durch Gewalt zwingen können, das zu thun, was er für verkehrt hält. Dieser Fall ist nunmehr eingetreten; die Majorität schweigt nicht mehr zu einer Ordnung der Dinge, die das Produkt ihrer Arbeit einer geringen Minderzahl zukommen läfst; der Arbeiter will nicht mehr nur für andere arbeiten; in der Idee hat die Exploitation des Menschen durch den Menschen auch bereits aufgehört, und zwar deshalb, weil niemand mehr dieses Verhältnis für gerecht hält. In der Praxis dagegen zeitigt sie gerade in der Neuzeit ihre schroffsten Auswüchse.

Nachdem sich die auf der gesetzlich anerkannten Sklavenarbeit[1] berührende Gesellschaftsordnung der alten Welt unter dem Einflusse des Christentums aufgelöst hatte, trat an die Stelle derselben das katholisch-feudale Mittelalter mit neuen Formen der Abhängigkeit, mit Vasallentum und Hörigkeit; aber dem gegenüber[2] bildeten sich doch innerhalb der herrschenden Minderheit Rittertum und Städtewesen in reicher, grofsartiger Entfaltung aus. Nachdem jedoch Reformation und Revolution auch dieses Regime zu Falle gebracht hatten, errang sich ein Faktor, der unter dem Drucke der Aristokratie sich dennoch hatte vorbilden können, die früher von jener besessene Machtstellung; die Bourgeoisie[3], als Trägerin der industriellen Gesellschaftsordnung, schritt über die Leichen ihrer Befreier hinweg zur Herrschaft.[4]

Bei dem Vergleich zwischen Rittertum und Bourgeoisie kommt in Herzen das ihm im Blute liegende und auch durch allen Radikalismus späterer Jahre nie ganz unterdrückte

---

[1] Vgl. hierzu Briefwechsel zwischen Proudhon und Bastiat betr. den Kapitalzins; 3. Brief Proudhons. — Ende und Anfang. Ges. W. Bd. 10, S. 249 ff.

[2] Das getaufte Eigentum. Ges. W. Bd. 5, S. 240.

[3] Herzen gebraucht dafür meist das noch charakteristischere Wort „Meschtschaustwo“, für das es im Deutschen keinen entsprechenden Ausdruck giebt; es ist abgeleitet von Meschtschaum — Kleinbürger. Vergl. N. Ogareff, Essai sur la situation russe. Londres 1862. S. 63.

[4] Vgl. Arabesken aus dem Westen. Heft 2. Ges. W. Bd. 8, S. 356 ff.

aristokratische Element seiner Denkweise zum Ausdruck; wenn er sich auch geflissentlich von jedem Idealismus ohne realen Boden fernhielt, so achtete er doch das integre Streben nach dem Ideal bei anderen, ganz abgesehen davon, dafs ihm Begriffe von Ehre und persönlicher Würde zu eigen waren, die ihm dermafsen in Fleisch und Blut übergegangen waren, dafs er sie als notwendige Attribute seiner selbst ansah, ohne sich weitere Rechenschaft darüber abzulegen, während er bei strenger Kritik sie mit seinen rein materialistischen Grundsätzen doch nicht immer hätte vereinen können. In dem Ritter sah er den Prototypus der Feudalen, im kaufmännischen Bourgeois denjenigen der neuen Weltordnung[1]; früher gab es Herren, jetzt giebt es nur Wirte. Der Ritter war mehr er selbst, mehr Persönlichkeit, er wahrte seine Würde[2], so wie er sie verstand, darum war er auch weder von seiner örtlichen Umgebung, noch von seinem Reichtum abhängig: denn seine Persönlichkeit war die Hauptsache an ihm. Im Bourgeois verbirgt sich die Persönlichkeit, oder sie tritt nicht hervor, weil sie nicht die Hauptsache ist: worauf es hier ankommt, das ist vor allem die Ware, die Sache, das Objekt — in einem Wort das Eigentum. Freilich war das Rittertum[3] ungeheuerlich ungebildet, roh und ungeschlacht; Räubertum und Mönchstum, Liederlichkeit und Pietismus begegneten sich in ihm; aber es war in allen Dingen loyal und offen. Der Ritter war zu jeder Zeit bereit mit Gut und Blut für das einzutreten, was er für recht hielt; er hatte sein Sittengesetz, seinen Ehren-Codex, der freilich willkürlich war, von dem er aber nicht abwich, ohne seine Selbstachtung und die Achtung seiner Genossen einzubüfsen. Der Kaufmann dagegen repräsentiert von Hause aus keine Persönlichkait in ihrem vollen Inhalt; als Mittelsperson zwischem den Produzierenden und den Konsumierenden stellt er etwas in der Art eines Verbindungsweges, eines Kommuni-

---

[1] Arabesken aus dem Westen. Heft 2. Ges. W. Bd. 8, S. 364 ff.

[2] Vgl. Das getaufte Eigentum. Ges. W. Bd. 5, S. 240.

[3] Vgl. zum Folgenden Arabesken aus dem Westen. Heft 2. Ges. W. Bd. 8, S. 365 ff.

kationsmittel, ein Übergangsstadium dar. Er ist ein Mann des Friedens und nicht des Krieges, im Angriffe schwach, tritt er hartnäckig für seine Rechte und Privilegien ein; berechnend und geizig sucht er überall nur nach dem abzuschliefsenden Handel, nach dem zu erzielenden Profit, mit jedem, der ihm entgegenkommt, beginnt er Streit, aber seine Waffen sind List und Schlauheit. Seine Vorfahren, die Bürger des Mittelalters, waren genötigt zu heucheln und zu schmeicheln, um sich vor Raub und Vergewaltigung zu schützen; sie erkauften Ruhe und Wohlstand durch ihre Unterwürfigkeit, ihre Ergebenheit, ihre falsche Liebedienerei, indem sie sich mit dem Hute in der Hand vor dem Reiter bis in den Staub beugten, und seufzend ihren Nachbarn ihre Armut klagten, während sie im stillen ihr Geld in die Erde vergruben. Alles das ging naturgemäfs in Blut und Hirn der Nachkommenschaft über und wurde zum physiologischen Merkmal einer besonderen menschlichen species, der man die Bezeichnung „der Mittelstand" gab. Solange sich dieser Stand noch in Abhängigkeit befand, liefs sich ihm zum mindesten eine gewisse Gröfse und Poesie in der Verteidigung seiner Rechte und in der Wahrung gesunden Sinnes und volkstümlichen Humors nicht absprechen; mit dem Beginne seiner Suprematie jedoch legte er sich keine Schranken mehr auf, jene guten Seiten verschwanden, das vulgäre Element in seiner Natur gelangte zur Herrschaft. Unter dem Einflusse der Bourgeoisie hat sich alles in Europa verändert. An Stelle der Ritterehre trat die Ehrlichkeit des Buchhalters, die feinen Sitten nahmen bureaukratischen Charakter an, die Höflichkeit und Courtoisie artete aus in Servilität, der Stolz in Empfindlichkeit, die Parks wurden durch Obstgärten ersetzt und die Paläste durch Gasthäuser, welche für alle offen standen, d. h. für alle die, die Geld haben. Die früheren veralteten aber konsequenten Begriffe über die Beziehungen der Menschen untereinander wurden erschüttert, ohne dafs man etwas hätte an ihre Stelle setzen können. Dieser chaotische Zustand begünstigte im besonderen die Entwicklung aller kleinlichen, bösen Sekten der Bourgeoisie; ohne leitende

Direktive, aufser dem Triebe nach Gewinn, und unter dem Einflusse der verschiedenartigsten Strömungen mufsten die meisten Völker Europas unschwer zu den allergröfsten Verkehrtheiten gelangen. Im Laufe eines halben Jahrhunderts wurden Moralprincipien in Gang gesetzt, wie sie heterogener nicht gedacht werden können: römische Staatsbegriffe und die altgotische Teilung der Gewalt, Protestantismus und politische Ökonomie, das „Salus populi“ und das „chacun pour soi“, das Evangelium und Bentham, kaufmännische Interessiertheit gegenüber der allgemeinen Menschenliebe Jean Jacques Rousseaus. Da reduzierte sich denn schliefslich die ganze Moral darauf, dafs der Nichtbesitzende mit allen Mitteln erwerben soll, der Besitzende aber sein Eigentum erhalten und vergröfsern soll; „die Fahne, welche man auf dem Marktplatz zum Beginn der Messe aufhifst, wurde zum Panier der neuen Gesellschaft“[1]: das Leben gestaltete sich zu einem beständigen Kampf um des Geldes willen; der Mensch wurde thatsächlich eine Appertinenz des Eigentums.

Damit sind die Grundlagen gegeben, auf denen sich die gegenwärtige Gesellschaftsordnung aufbaut; die Bourgeoisie hat ihr ihren Stempel aufgedrückt, sie bildet denn auch vor allem das Ziel der kritischen Angriffe Herzens, der in allen Erscheinungen des modernen Lebens immer wieder die Macht des Eigentums, die Exploitation einer nicht besitzenden Mehrheit durch eine besitzende Minderheit zum Ausdruck kommen sieht[2]. Mit der ganzen Schärfe und Wucht überzeugungsvoller Kritik legt er das Messer in die Wunde und sucht die Schäden aufzudecken, die dieses System nach sich gezogen hat; auf wirtschaftlichem Gebiete sowohl, als auf dem der Ethik und Ästhetik[3] sieht er aus dem Princip der industriellen Bourgeoisie Erscheinungen hervorwachsen, die sein Gefühl auf das tiefste empören; auch sehen wir hierin nicht nur den Widerspruch des im Namen der Wahrheit Protest ein-

---

[1] Arabesken aus dem Westen. Ges. W. Bd. 9, S. 366.
[2] Ende und Anfang. Ges. W. Bd. 10, S. 203 ff.
[3] Ebenda S. 201, 202.

legenden Forschers, sondern zugleich auch den Entrüstungsruf des in seinem aristokratischen Empfinden verletzten Kulturmenschen[1]. Denn diese alles nivellierende Gewalt, die nur die beiden Talente der „Mäfsigung und Accuratesse“ besitzt, duldet nichts Aussergewöhnliches[2], strebt danach, alles zu schablonisieren, und an alle Dinge den Mafsstab der Mittelmäfsigkeit anzulegen. Sie verwischt die Persönlichkeiten im Gattungstypismus, produciert überall nur Dutzendware, ertötet alles Schöne, alles Künstlerische, verleiht allen Dingen einen vulgären Charakter; denn während zur Zeit des Rittertums der eine die anderen dank seiner überlegenen Persönlichkeit sich unterordnete, herrscht heutzutage die Bourgeoisie durch das Übergewicht ihres Besitzes. Nie hätte sie aus eigener Kraft die Herrschaft erringen können; als sich die Notwendigkeit[3] des Unterganges der alten katholisch-feudalen Welt herausgestellt hatte, da waren es nicht die Vorfahren der Bourgeois von heutzutage, die sich als Träger der Reformation und der Revolution in den Kampf gegen jene Weltordnung stürzten: mit der Macht ihres freien Geistes kämpften Männer wie Martin Luther und Ulrich von Hutten, wie Voltaire und Rousseau, wie Schiller und Goethe ohne ein praktisch zielbewusstes System nur um ihrer drängenden Überzeugung, um der Erkenntnis der Wahrheit willen; die Bourgeoisie aber machte sich ihre Arbeit zu Nutz und erschien, befreit nicht nur von Königtum und Sklaverei, sondern überhaupt von jeglicher gesellschaftlichen Fessel; aus dem Protestantismus legte sie sich eine Religion nach

---

[1] Charakteristisch dafür ist es, dafs Herzen, nachdem er lange in den Industrie- und Handelsvierteln in Paris gewohnt hatte, durch die schablonenmäfsige Styllosigkeit der Wohnungen daselbst derart sich angewidert fühlte, dafs er sich entschlofs, in den Faubourg St. Germain zu ziehen; hier fand er un chez soi, eine Wohnstätte, auf deren Herrichtung die Sorgfalt feinfühlender Kulturmenschen mit individuellen Ansprüchen gerichtet worden war. Vgl. Ende und Anfang. Ges. W. Bd. 10, S. 206 ff.

[2] Ebenda S. 261. — Vgl. Gedachtes und Erlebtes. Ges. W. Bd. 9, S. 51.

[3] Arabesken aus dem Westen. Ges. W. Bd. 8, S. 370.

ihrer Art zurecht, „die das Gewissen eines Christen mit der Praxis eines Plantagenbesitzers vereinigen konnte“; aus der Revolution heraus konstruierte sie sich eine Republik, die nur ihr die Herrschaft sichern sollte unter Wahrung des äufseren Scheines freiheitlicher Institutionen; die Lebenstriebe beider mufsten in dieser öden Welt verkümmern, sie arteten aus in kalten Puritanismus und in trockenen, erkünstelten republikanischen Formalismus. Reformation und Revolution [1] hatten das letzte Wort des Katholicismus gesprochen und sein Geheimnis enthüllt; die politische Befreiung trat an die Stelle der mystischen Erlösung, das Glaubenssymbol des Konzils von Nicäa, gegründet auf die Sündenvergebung, verwandelte sich in die Proklamierung der Menschenrechte; an dem Eingange der alten Welt standen die Worte „Glaube, Liebe, Hoffnung“, an ihrem Ausgange „Freiheit, Gleichheit, Brüderlichkeit“ [2]. Die alte Welt war zu Grabe getragen worden, das Amen war über sie gesprochen; aber den Geistern, die dieses Werk vollendet hatten, fehlte die Kraft etwas Neues an die Stelle zu setzen [3]. Während die erregten Leidenschaften in wildem Einzelgefecht den im grofsen entschiedenen Kampf weiterführten, versäumte man es, an die Grundsteinlegung der neuen Ordnung zu gehen; so konnte sich in dieser Zeit des Übergangs und der Gährung eine zwischen zwei sittlichen Welten hin und herschwankende, und eben darum in ihrem tiefsten Innern verderbte, Moral einbürgern [4]. —

Es ist unter den Ideen Herzens gerade diese prägnante Anschauungsweise der modernen Gesellschaft, die von ihm selbst immer wieder in den Vordergrund gestellt wird, und die unsere besondere Beachtung verlangt; denn hierin äufsert sich auch der wesentliche Fortschritt im Vergleich mit den

---

[1] Ende und Anfang. Ges. W. Bd. 10, S. 250 ff.

[2] Vgl. Vom anderen Ufer. Vixerunt. Ges. W. Bd. 5, S. 70.

[3] Vgl. Die alte Welt und Rufsland. Ges. W. Bd. 5, S. 254.

[4] Ende und Anfang. Ges. W. Bd. 10, S. 252.

Ansichten seiner direkten Vorgänger[1]. Saint-Simon und Fourier und auch die nächsten Nachfolger beider dürften allerdings das Verdienst beanspruchen, allgemeine Grundprincipien des gesellschaftlichen Aufbaues gefunden zu haben; auch fühlten sie, dafs die bestehende sociale Ordnung ihren Postulaten nicht entsprach; Saint-Simon[2] ferner war, im Gegensatz zu Fourier, auch zur Erkenntnis des Konfliktes zwischen der besitzenden und der nichtbesitzenden Klasse gekommen, und darin hat sich Herzen an ihn angelehnt; worin aber das Wesen der modernen Gesellschaftsordnung lag, welches die treibenden Kräfte waren, denen sie ihre Entstehung zu danken hatte, das vermochten jene Männer nicht zu erkennen, und eben darum vermochten sie ihr auch nicht zu helfen; „sie hatten das Gebiet gezeigt, ohne es sich zu eigen zu machen“ (Stein); Herzen arbeitete in ihrem Sinn weiter und gelangte somit zu einer Klarheit der Erkenntnis, die ihn befähigte, — ob mit Recht oder Unrecht, bleibe dahin gestellt — dem kranken Organismus positive Heilmittel zu verschreiben[3].

Doch bevor er zu letzterem griff, hatte er alle Einwirkungen der bestehenden Zustände zu verfolgen, hatte er auf der anderen Seite alle dagegen hervorgetretenen Gegenströmungen zu prüfen gesucht. Da zeigte es sich ihm denn, wie selbst diejenige Macht, die zur Führerin der Opposition berufen gewesen wäre, die Wissenschaft[4], in den Dienst des alles absorbierenden Commerciantentums der Bourgeoisie getreten war; indem sie sich auf die Bahn der Compromisse begeben hatte, war sie ihrer vornehmsten Aufgabe untreu geworden. Ein Bündnis zwischen Religion und Wissenschaft ist an sich eine Unwahrheit, dennoch wurde dieses Bündnis geschlossen; es ist klar, wie beschaffen eine Sittlichkeit sein

---

[1] Vgl. L. Stein, Geschichte der socialen Bewegung in Frankreich. Bd. 2, S. 234 ff.

[2] Ebenda Bd. 2, S. 231.

[3] Letztere Metapher nicht im Sinne Herzens zu verstehen.

[4] Ende und Anfang. Ges. W. Bd. 10, S. 253.

musste, die sich hierauf gründete[1]. Man scheute sich, die mit dem Verstande begriffene natürliche Wahrheit[2] auch zu vertreten, aus Furcht, Anstoss zu erregen; so liefs man die bestehenden Idole in ihrer äusseren Form unangetastet, obgleich man sie ihres Inhalts beraubt hatte, und schuf dadurch ein Chaos sich widersprechender verwirrender Begriffe; man wurde sich über die Vorgänge in der Natur mit ihrer gesetzmäfsigen Ursächlichkeit völlig klar, und wandte sich dennoch an eine aufsernatürliche Macht mit der Bitte um Beeinflussung eben dieser Vorgänge; von allen war die eine bindende Regel angenommen: denke wie du willst, aber rede wie die anderen. Nicht nur der herrschenden Klasse hatte sich diese Sinnesart bemächtigt[3]; der Geist der Träger dieser Gesellschafts-Ordnung hatte auch die beherrschten durchdrungen; den besitzenden Bourgeois traten die nichtbesitzenden Bourgeois gegenüber, die notgedrungen danach streben mufsten, mit denselben Mitteln, die jenen zum Besitz verholfen hatten, ihnen den Besitz wieder zu entreifsen; Geiz und Neid kämpfen mit einander, und die Zugehörigkeit der einzelnen Persönlichkeit zu der einen oder anderen Partei wird nur durch äufsere Umstände, durch gesellschaftliche Stellung bestimmt. Darin eben liegt das Gefährliche der Bourgeoisie[4]; dafs hinter gegenwärtigen Machthabern eine ungeheure nachdrängende Menge steht, die nur danach strebt, den Platz jener einzunehmen; gelänge es, die gegenwärtig besitzenden zu vernichten, so wäre damit doch nur ein Wechsel der Personen, nicht des Systems erreicht. Doch so zwecklos ein Kampf in diesem Sinne auch ist, würde er doch von beiden Seiten mit Erbitterung geführt.

Die liberale Opposition versuchte den Angriff gegen die bestehende Ordnung mit den aus dem Kampf um Erhaltung der alten Welt geretteten Waffen der Romantik[5]; sie erhob

---

[1] Vgl. Vom anderen Ufer. Donoso Cortes. Ges. W. Bd. 5, S. 161 ff.
[2] Ende und Anfang. Ges. W. Bd. 10, S. 253.
[3] Arabesken aus dem Westen. Ges. W. Bd. 8, S. 366 ff.
[4] Ende und Anfang. Ges. W. Bd. 10, S. 208.
[5] Briefe aus Frankreich und Italien. Ges. W. Bd. 4, S. 182 ff.

die Anklage, dafs in jüngster Zeit die materiellen Interessen alle anderen in den Hintergrund gedrängt hätten, dafs Ideale, welche früher die Massen begeisterten, ihre magische Kraft verloren hätten, dafs an Stelle der „edlen und erhabenen Ziele“ als einziges Motiv menschlicher Handlungen das Streben nach Geld getreten sei; früher habe man von unveräufserlichen Menschenrechten, von Patriotismus geredet, jetzt beschäftige man sich nur mit politischer Ökonomie.

Dem ist allerdings so; dennoch ist die Anklage unberechtigt. Wohl steht die Frage nach dem materiellen Wohlbefinden der Menschen auf dem ersten Plane; aber wie sollte man auch die Wichtigkeit einer Frage nicht anerkennen, von deren Entscheidung nicht nur das tägliche Brot, sondern auch die Civilisation der Menschheit abhängt, denn solange ein Volk hungert, kann es nicht zur Civilisation gelangen. Die eingefleischten Romantiker und Idealisten haben schon viel Schaden angerichtet; denn es ist gerade unsere Aufgabe, einen allgemeinen Wohlstand anzustreben, dem blinden Zufall und den Erben der brutalen Gewalt die Arbeitsmittel und die Schlüssel zu den Schatzkammern der Natur zu entreifsen; um eine richtige Wertschätzung der Arbeit zu erreichen, um Besitz und Gebrauch des Reichtums auf vernunftgemäfse Grundsätze, auf allgemeine zeitgerechte Regeln zurückzuführen, um alle den Austausch und die Bewegung hindernden Fesseln zu beseitigen. Eben darum sind alle früheren Reformen und Umwälzungen auf die Dauer resultatlos geblieben, weil sie die ökonomische Seite des Lebens nicht in Betracht zogen; das Schicksal der französischen Revolution liefert dafür den schlagenden Beweis. Nicht in dem Hervortreten der wirtschaftlichen Frage liegt das Übel, sondern in der Art und Weise der Lösung eben dieser Frage durch die moderne bürgerliche Gesellschafts-Ordnung. —

Wir sind damit an einem entscheidenden Punkte angelangt. Wir sahen, wie Herzen an der Hand der ihm durch seine naturalistische Weltauffassung gebotenen Postulate der Kritik die Diagnose der bisherigen menschlichen Entwicklungsgeschichte vornahm; nunmehr ist er von hier aus zur

Aufstellung neuer Forderungen gelangt; und diese Forderungen fassen sich in dem Verlangen nach Erreichung wirtschaftlichen Wohlstands für alle Menschen zusammen. So tritt er auf der einen Seite in schroffen Widerspruch zu allen jenen Weltanschauungen, die in mystischer Weise das Lebensziel der Menschen in aussernatürlichen Vorstellungen suchen, wie auch zu denjenigen, die in romantischer Proclamierung verstandesgemäfs konstruierter Ideale die materielle Welt der Mifsachtung preisgeben; in Bezug auf die Erfüllung seiner Forderungen collidiert er aber auf der anderen Seite in um so schrofferer Weise mit der bestehenden Ordnung, als er in ihr einen aktuellen Übelstand schlimmster Art erblickt, während jene anderen Richtungen als Überbleibsel einer untergegangenen Welt mit ihren mifsglückten Befreiungsversuchen den Keim des Todes in sich selbst tragen.

Als man die Fruchtlosigkeit aller Versuche einer Neuordnung der Dinge mit Hintansetzung der wirtschaftlichen Frage erkannt hatte, verfiel man nunmehr in das entgegengesetzte Extrem[1]; die wirtschaftlichen Fragen begannen alle anderen zu erdrücken, zumal nachdem sie die Bourgeoisie in der ihr entsprechenden Art und Weise formuliert hatte. Nachdem zuerst nur die denkenden Menschen, vor allem in Frankreich, diese Frage in Behandlung genommen hatten, rissen sie bald die beschränkten Menschen mit sich fort, die jede Wahrheit bis ins Absurde, bis zum Cynismus übertrieben, zumal wenn es sich um etwas ihren Herzen so Nahestehendes, wie die Lehre von der Entwicklung des materiellen Wohlstandes, handelt. Früher hatten die Menschen Leben und materiellen Besitz für unbestimmte Ideen und allgemeine Principien aufgeopfert; jetzt hatte man die Bedeutung jener Güter eingesehen und ergab sich ausschliefslich ökonomischen Bestrebungen; und nur wenige vermochten dieselben in den Grenzen zu halten, in denen sie eine Berechtigung haben, und aufserhalb derer ihre Bedeutung verfällt. Man begriff nicht die auf Gegenseitigkeit beruhenden notwendigen Wechsel-

---

[1] Briefe aus Frankreich und Italien. Ges. W. Bd. 4, S. 186 ff.

wirkungen zwischen der rein materiellen Seite des menschlichen Lebens und seinen sonstigen Kultur-Interessen; die politische Ökonomie, dem Anscheine nach eine Wissenschaft des praktischen Lebens, gestaltete sich infolge ihrer Einseitigkeit zu einer abstrakten Wissenschaft des Reichtums und der Produktion, sie betrachtete die Menschen als lebende Produktivkraft, als organische Maschine; die Gesellschaft wurde ihr zur Fabrik, der Staat zum Marktplatz; und nach Art eines Mechanikers bemühte sie sich nur um die Verwendung einer möglichst geringen Kraft zur Erzielung des gröfstmöglichen Resultats, um die Entdeckung der Wachstumsgesetze des Reichtums. Sie nahm die gegebenen Verhältnisse, das politische Factum der bestehenden Gesellschaft kritiklos für den Normalzustand der Dinge; die Verteilung von Reichtum und Erwerbsmitteln, die sie in den Staatsgebilden ihrer Zeit vorfand, machte sie zu ihrem Ausgangspunkt. Es war ihr nicht um den Menschen selbst zu thun, sie beschäftigte sich mit ihm nur nach Mafsgabe seiner Produktionsfähigkeit, indem sie in gleicher Weise diejenigen unberücksichtigt liefs, die aus Mangel an Mitteln nicht zu produzieren vermögen, wie diejenigen, die in Faulheit ihren Wohlstand verschleudern. In dieser Form konnte die Wissenschaft vom Reichtum, begründet auf den Satz: „wer da hat, dem wird gegeben werden", in der Welt des Handels und des Krämertums wohl Erfolge erzielen; aber für die Meistbesitzenden entbehrt eine solche Wissenschaft des Reizes, denn für sie ist — im Gegenteil — die Frage nach dem materiellen Wohlstand unzertrennlich von einer Kritik derjenigen Voraussetzungen, auf die sich die politische Ökonomie gründete, und die unschwer gerade als die Ursache der Armut jener zu erkennen sind.

Wohl fanden sich energische, starke jugendliche Geister, die in tiefem Mitgefühl mit der unglücklichen Lage der Proletarier erkannten, dafs es unmöglich sei, sie aus ihrem elenden Zustande emporzuziehen, ohne ihnen vorher das tägliche Brod sicher gestellt zu haben; auch sie wandten sich daher der politischen Ökonomie zu. Aber welche Befriedigung, welchen Anhalt konnte ihnen eine Wissenschaft gewähren, die in konsequenter Weise dem Nichtbesitzenden zuruft: „heirate nicht, zeuge keine Kinder, wandre nach Amerika aus, arbeite 12, 14 Stunden am Tage, sonst mufst du Hungers sterben." Diesen Ratschlägen fügte die menschenfreundliche Wissenschaft dann noch die poetische Sentenz hinzu, dafs nicht alle von der Natur zum Gastmahl des Lebens eingeladen seien[1] und obendrein noch die boshafte Ironie, dafs ja ein jeder seinen freien Willen habe, und dafs der Bettler dieselben bürgerlichen Rechte geniefse, wie Rothschild. —

Es liegt in dem gesagten eine scharfe Kritik des Industrie-Systems, welches, auf die Forderungen der Physiokraten nach Freiheit des Individuums sich stützend, um die Mitte des 18. Jahrhunderts von Adam Smith begründet wurde und während der folgenden Periode vorwiegend die politische Ökonomie beherrschte, zumal nachdem das System weiteren Ausbau — vor allem durch Malthus, Ricardo, Say — erfahren hatte. Dafs Herzen zu jener Richtung in Widerspruch geriet, war bei der Verschiedenheit ihrer Ausgangspunkte nur natürlich, und es läfst sich nicht verkennen, dafs er hier unbewufst auch in einen Widerspruch mit seiner eigenen Methode verfällt, denn obgleich er jede Teleologie verwirft, supponirt er hier nun doch einen Glückszweck, den er für die Regelung der menschlichen Dinge als gesetzt annimmt, ohne ihn jedoch aus irgend welchen natürlichen Voraussetzungen heraus zu begründen. Die von ihm Angegriffenen hatten sich nicht die Aufgabe der Völker-Beglückung gestellt, sondern einfach die im wirtschaftlichen Leben herrschenden Gesetze und ursächlichen Beziehungen ergründen wollen, um die Verwendung dieser Erscheinungen zu ermöglichen, gleichviel, wem dabei der Nutzen zufiel. Solange sie dabei blieben, konnte ihnen aus den aus ihren Untersuchungen hervorgetretenen Resultaten ebensowenig ein Vorwurf gemacht

---

[1] Malthus bringt diese Idee in seiner Lehre von der Bevölkerungsbewegung zum Ausdruck. — Vgl. Vom anderen Ufer. Das LVII. Jahr der Republik. Ges. W. Bd. 5, S. 61. — Rufslands sociale Zustände. (Deutsch Hamburg 1854.) S. 238.

werden, wie etwa einem beliebigen Zweige der Naturwissenschaften, welcher Übelstände aufdeckt, die der Mensch seitens der Naturgewalt zu gewärtigen hat. Erst sobald die Wissenschaft das Gebiet der Postulate betrat, durfte der Kritiker mit seinen Gegenforderungen hervortreten. Nun haben derartige Postulate am letzten Ende immer ihren Sitz in dem persönlichen Empfinden der Menschen, das weitere Aburteilung ausschliefst; dennoch wird man Herzen Recht geben müssen, wenn er der politischen Ökonomie den Vorwurf macht, durch Einseitigkeit zu falschen Forderungen zu gelangen. Denn indem ihre Lehre ausschliefslich die von der zeitgenössischen Aufklärungs-Philosophie recipierte Freiheit des Individuums proklamirte, vernachlässigte sie das Moment der Gesellschaftlichkeit, die berechtigten und in der Natur stets zum Ausdruck gelangenden Ansprüche der Gattung gegenüber dem Individuum vollständig; inwieweit dabei eine mala fides, eine Berücksichtigung der Interessen der herrschenden Klasse vorlag, wird natürlich im einzelnen Falle nicht zu konstatieren sein; die Ansicht Herzens, dafs diese gesamte Wissenschaft von Hause aus in den Dienst einer einzelnen Gesellschaftsklasse gestellt war, trägt aber wohl den Stempel des krassen Extrems an sich. Dafs Herzen mit seiner Grundforderung nach Erreichung eines befriedigenden Zustandes für Alle sich nicht an den Resultaten der politischen Ökonomie genügen lassen konnte, ist klar; weil er von ihr zu viel verlangte, wurde er ihr nicht gerecht; denn der Standpunkt, den er selbst in dem Gebiete der Gesellschaftswissenschaften einzunehmen sich bestrebte, schlofs eine einseitige Berücksichtigung einzelner Regungen des Volkslebens aus; eben darum wird man ihm aber, von diesem allgemeineren Gesichtspunkte aus, die Anerkennung der umfassenderen Bestrebung nicht versagen können. —

Die volle Entfaltung aller in einer Person liegenden Fähigkeiten auf Grund der ihr immanenten Freiheit mufs zuletzt in das Gegenteil der Freiheit umschlagen, mufs zur Proklamierung des Rechts des Stärkeren führen, der sich dank seiner überlegenen Fähigkeiten die Schwächeren unterordnet.

Es mufs daher ein Gegengewicht geschaffen werden, durch welches die einzelne Persönlichkeit in ihrer Entwicklung in den durch die Rücksicht auf die Gesamtheit gebotenen Schranken gehalten wird[1]. Das war von allen an der Schwelle des neuen Zeitalters auftretenden Geistesrichtungen verkannt worden; auf der einen Seite war Voltaire[2] als Apostel eines krassen Egoismus aufgetreten, während Rousseau mit der Rückkehr zur Natur die unbegrenzte allgemeine Menschenliebe predigte. Der Grundfehler aller Emancipationsversuche aber lag darin, dafs man sich nicht zum radikalen Bruch mit der alten Welt hatte entschliefsen können, sondern die aus dem Zusammenbruch der alten geretteten Trümmer zum Neubau benutzen wollte; wohl säcularisierte die Revolution[3] viele der geistlichen Besitztümer der Vergangenheit, aber dennoch stellte sie sich ebenso wie die Reformation auf kirchlichen Boden, man behielt die religiöse Tradition bei, indem man nur zu anderen Göttern betete[4]; Voltaire, der vor der aufgehenden Sonne auf die Kniee sank, und den Enkel Franklins „im Namen Gottes und der Freiheit" segnete, war ebenso sehr Theist wie die alten Kirchenväter, wenn auch in anderem Sinne. So mufsten alle Befreiungs-Bestrebungen nur dazu dienen, die Agonie der alten Welt zu verlängern[5]. Das Interregnum[6] aber zwischen dem definitiven Untergang des Alten und dem Beginn des Neuen gab der Bourgeoisie die Möglichkeit sich festzusetzen.

Die Männer der ersten Revolution[7] waren künstlerisch angelegte Idealisten. Die Bourgeois repräsentieren von ihrem ersten Auftreten an die Prosa des Lebens, sie bauen Fabriken und keine Tempel, sie lachen über die Selbstlosigkeit anderer, sie befassen

---

[1] Vgl. N. Ogareff, Essai sur la situation russe. Londres 1862. S. 47.
[2] Omnia mea mecum porto. Ges. W. Bd. 5, S. 155.
[3] Ende und Anfang. Ges. W. Bd. 10, S. 252.
[4] Ebenda S. 366.
[5] Vom anderen Ufer. Vor dem Gewitter. Ges. W. Bd. 5, S. 20.
[6] Vgl. England. Polarstern. Bd. V. 1859. Ges. W. Bd. 9, S. 216.
[7] Briefe aus Frankreich und Italien. Ges. W. Bd. 4, S. 191 ff.

sich nur mit ihren Einkünften und Renten, opfern die Idee dem Nutzen, sind egoistisch feig und können sich zu einem beschränkten Heldentum nur dann aufraffen, wenn es gilt, ihren Besitz zu verteidigen; die liberalen Idealisten dagegen sprachen von Ruhm und Selbstverleugnung, verachteten in ihren Reden und bisweilen auch thatsächlich den materiellen Gewinn, und vergossen ihr Blut für das Recht. Sie produzierten schöne Gedanken und erregten edle Gefühle, und die geheiligt menschlichen Empfindungen Schillers[1] mochten wohl auf einzelne läuternd wirken, aber sie spannen sich bald dermafsen in ihre Ideen ein, dafs sie in der Schrankenlosigkeit ihrer Romantik[2] allen realen Boden unter den Füfsen verloren. Als man nun die Fruchtlosigkeit dieser Bestrebungen einsah, liefs man sich auf der anderen Seite auf Kompromisse mit der herrschenden Gesellschaftsordnung ein, und fand bei dem Bourgeois bereitwilliges Entgegenkommen[3]; warum sollte er auch nicht den Liberalen spielen, da ja doch jede Reform innerhalb der bestehenden Ordnung nur dem Mittelstand zu gute kommen konnte. Im Vertrauen hierauf machte man das allgemeine Stimmrecht zur Grundlage der neuen Staatsordnung[4]; dieses arithmetische Abzeichen war der Bourgeoisie sympathisch, man konnte damit prangen, es war ein neues Mittel, die Wahrheit auf rechnerischem Wege zu finden. Das allgemeine Stimmrecht[5] bei im wesentlichen monarchischer Staatsordnung, bei verkehrter Verteilung der Gewalten, bei religiösen Vorstellungen über das Wesen der Volksrepräsentation, bei polizeilicher Zentralisation des gesamten Staates in den Händen eines Ministeriums war im Grunde nur eine optische Täuschung. Damit ist noch nichts gewonnen, dafs man sich einmal im Jahr versammelt, um einen Deputierten zu wählen, und dann aufs neue zur passiven Rolle des beherrschten Unterthanen zurückkehrt. Und als man es mit dem Aus-

---

[1] In Anlafs eines Dramas. Ges. W. Bd. 2, S. 312.

[2] Der Dilettantismus in der Wissenschaft. Ges. W. Bd. 1, S. 301 ff.

[3] Briefe aus Frankreich und Italien. Ges. W. Bd. 4, S. 190.

[4] Arabesken aus dem Westen. Ges. W. Bd. 8, S. 368.

[5] Briefe aus Frankreich und Italien. Ges. W. Bd. 4, S. 314 ff.

hängeschild der Republik versuchte, wurde die Sache noch schlimmer [1], denn man erreichte dadurch den äufseren Schein der Berechtigung, der Name der Republik übte eine gewisse Anziehungskraft aus; thatsächlich ist aber die auf monarchischen Grundsätzen begründete Republik noch viel schädlicher als die Monarchie selbst, denn sie erscheint nicht wie jene als Produkt der Vergewaltigung, als historisches Unglück sondern als etwas Rationales, Gerechtes auf die freie Zustimmung Begründetes; und dabei war das gesamte Repräsentativsystem doch nur ein schlau ersonnenes Mittel, um die gesellschaftlichen Forderungen und die energische Bereitwilligkeit des Handelns durch Worte und endlose Streitigkeiten zu ersetzen; die Scheinrepublik aber, die längst nichts mehr von der grofsartigen Religion des Jahres 1793 in sich trug, war nur eine um so perfidere Form der Sklaverei, die dazu diente, den vorhandenen Besitzstand der herrschenden Klasse zu verteidigen [2]. Die Liberalen [3] aller Länder hatten die Völker zur Niederwerfung des monarchisch-feudalen Regimes aufgerufen und dabei viel von Gleichheit, von den Thränen der Unglücklichen, den Leiden der Unterdrückten, dem Hunger der Besitzlosen geredet; sie freuten sich, als sie Minister verjagt hatten, von denen sie Unmögliches verlangten, als eine Stütze des Feudalsystems nach der anderen zusammenbrach, und liefsen sich soweit hinreifsen, dafs sie über ihre eigenen Wünsche noch hinausgingen [4]; sie kamen erst wieder zur Besinnung, als aus den Trümmern hervor, nicht in Büchern, in parlamentarischem Geschwätz und philanthropischen Redensarten, sondern in der nackten Wirklichkeit der Proletarier erschien, der Arbeiter, der hungrig und kaum bekleidet nun wohl fragen durfte, wo denn sein Anteil an allen Gütern, an Freiheit, Gleichheit und Brüderlichkeit geblieben war, nachdem man früher doch so viel von ihm, als dem elenden Bruder geredet und ihn bemitleidet hatte. Nun verwunderten

---

[1] Vixerunt. Ges. W. Bd. 5, S. 84 ff.

[2] Vgl. Briefe aus Frankreich und Italien. Ges. W. Bd. 4, S. 190.

[3] Das LVII. Jahr der Republik. Ges. W. Bd. 5, S. 56, 57.

[4] Ebenda S. 56, 57.

sich die Liberalen über die Kühnheit und Undankbarkeit des Arbeiters, nahmen im Sturm die mit Leichen bedeckten Strafsen von Paris[1], stellten mit dem Bajonett die Ordnung wieder her und brachten nunmehr System in die Exploitation des Proletariats[2], die von Regierungswegen legalisiert wurde.

Der Liberalismus[3], in kleinlichen politischen Forderungen halsstarrig, hatte merkwürdig schnell gelernt, mit dem beständigen Protest gegen Vergewaltigungen durch die Regierungen den unwandelbaren Gehorsam ihnen gegenüber zu vereinigen. Das begeisterungsvolle Streben des ersten Aufschwunges war einem stumpfen Gleichmut gewichen; die durch die grofse Revolution befreiten Kräfte[4] fanden keine zielbewusste Verwertung, zehrten sich gegenseitig auf. Als das Resultat dieser halben Befreiung erschien die Herrschaft der Bourgeoisie[5], die sich natürlich nicht für ein Übergangsglied sondern für den Zweck der Gesellschaft hielt; da aber ihr sittliches Prinzip minderwertiger und armseliger als alles vorhergegangene ist, während sie gleichzeitig immer schneller dem Extrem zustrebt, so muss sich diese Welt bald erschöpft haben, ohne in sich den Keim einer Erneuerung zu tragen. Es trat ein Verfall auf der ganzen Linie ein[6]. Die bedeutenderen Geister konnten sich in dieser Welt der Mittelmäfsigkeit nicht mehr wohl fühlen; entweder sie vereinsamten auf ihrer Höhe, wie Goethe, in thatenloser und teilnahmloser Beschaulichkeit[7], oder sie suchten voll Verachtung dieser Welt zu entfliehen, wie Byron, oder aber sie erwarteten, wie Schopenhauer, mit stoischer Ruhe den Tod, den sie als Erlöser begrüfsten.

---

[1] Herzen spielt damit auf die französische Revolution von 1848 und ihre Niederschlagung durch das Eingreifen Cavaignacs an. — Vgl. Briefe aus Frankreich und Italien. Ges. W. Bd. 4, S. 302 ff.

[2] Ebenda S. 190.

[3] Ende und Anfang. Ges. W. Bd. 10, S. 261.

[4] Ebenda S. 211.

[5] Das LVII. Jahr der Republik. Ges. W. Bd. 5, S. 67.

[6] Ebenda S. 63 ff.

[7] Ende und Anfang. Ges. W. Bd. 10, S. 212 ff. — Ebenda S. 261. — Vom anderen Ufer. Epilog auf das Jahr 1849. Ges. W. Bd. 5, S. 134.

Man versuchte sich über das Gefühl der Unzufriedenheit hinwegzutäuschen, indem man dem Mangel an lebensvollen Principien durch Konstruierung des Nationalitätsprincips abzuhelfen suchte; das glückte auch im Anfang, besonders in Ländern, die sich zufällig unter dem Drucke fremder Herrschaft befanden[1]. Aber hinterher tauchte immer wieder die Frage auf: „was sollen wir thun, nachdem wir unser Volk befreit haben?" Und diese Frage nach dem Existenzzweck wurde erst recht brennend in den Ländern, die schon ohnedem unabhängig waren. Aus den politischen Parteien[2] waren nationale geworden; das bedeutete nicht nur einen Rückschritt bis vor die Zeiten der Revolution, sondern sogar einen solchen bis zur vorchristlichen Periode. Denn die allgemein-menschlichen Bestrebungen des Katholizismus und der Revolutionen hatten dem heidnischen Patriotismus das Feld räumen müssen, und die Ehre der Fahne wurde zugleich die einzig unantastbare Ehre der Völker. Diese aber waren bereits zu sehr durch die Rücksicht auf ihre materiellen Interessen beinflusst, um sich durch das Nationalitätsideal aus dem Schlummer wecken zu lassen, in den sie immer mehr zu verfallen drohten; auf der anderen Seite hatte sich die Utopie der demokratischen Republik als ebenso unzuverlässig erwiesen[3]; und es zeigte sich, dafs es innerhalb der gesamten bestehenden Weltordnung nichts mehr gab[4], das den Menschen zu jener opferfreudigen Begeisterung hinzureifsen vermochte, womit sie einst unter dem Gesang[5] ihrer Psalmen und dann des Ein feste Burg und der Marseillaise für ihren Glauben in den Tod gegangen waren. Denn für einen unbekannten Gott stirbt man nicht; mag er erst sagen, wo er ist, und seine Göttlichkeit offenbaren. —

Die bisherigen Befreiungsversuche sind gescheitert, weil sie sich nicht entschliefsen konnten, alle die überlieferten Idole der

---

[1] Gedachtes und Erlebtes. Ges. W. Bd. 7, S. 268.

[2] Ende und Anfang. Ges. W. Bd. 10, S. 255 ff.

[3] Vgl. England. Polarstern, Bd. V, 1859. Ges. W. Bd. 9, S. 212.

[4] Vgl. On liberty. Ges. W. Bd. 9, S. 245. — England. Polarstern, Bd. V, 1859. Ges. W. Bd. 9, S. 215 ff.

[5] Ende und Anfang. Ges. W. Bd. 10, S. 209.

alten Welt[1] mit Stumpf und Stiel auszurotten: sie hatten die Religion des Jenseits durch eine Religion des Diesseits[2] ersetzen wollen; für den Aufbau der zukünftigen Weltordnung aber muss reines Feld gemacht werden, es darf kein Stein auf dem anderen bleiben.

Die Zukunft liegt im Socialismus, er trägt die Keime des neuen Lebens in sich[3]. Die Natur läfst nichts länger existieren, als es innerlich lebensfähig ist[4]; die alte Gesellschaftsordnung aber hat sich überlebt, darum mufs sie mitleidslos zu Grunde gehen. Denn der Socilaismus wird von Grund aus ein neues Gebäude aufführen. Vielfach ist die Ansicht verbreitet, als habe der Socialismus[5] zum ausschliefslichen Ziele die Lösung der Frage über das Kapital, die Rente, den Arbeitslohn und die Vernichtung des Menschenfressertums in seinen civilisierten Formen. Dem ist nicht so. Die ökonomischen Fragen sind aufserordentlich wichtig, aber sie repräsentieren nur eine Seite einer ganzen Weltanschauung, welche danach strebt, mit der Beseitigung des Eigentums in seiner mifsarteten Form von demselben Ausgangspunkt aus überhaupt alles Monarchische, Religiöse zu vernichten — in Rechtspflege, Verwaltung, in der ganzen Gesellschaftsordnung und am allermeisten in der Familie, im Privatleben, am häuslichen Herde, in der Lebensführung, in der Sittlichkeit. Es gilt eine Gesellschaftsordnung zu schaffen, die nicht wie die bisherige einzelnen Klassen, einzelnen Personen, sondern die der Gesamtheit, die allen zum Wohlbefinden, zur Befriedigung verhilft; und das geschieht, indem die persönlichen Rechte jedes einzelnen in ihrer ganzen Fülle

---

[1] Vgl. Vom anderen Ufer. Nach dem Gewitter. Ges. W. Bd. 5, S. 47. — Vom anderen Ufer. Epilog auf das Jahr 1849. Ges. W. Bd. 5, S. 130 ff. — Omnia mea mecum porto. Ges. W. Bd. 5, S. 138.

[2] Consolatio. Ges. W. Bd. 5, S. 124.

[3] Vgl. 1. — Die alte Welt und Rufsland. Ges. W. Bd. 5, S. 254. — Gedachtes und Erlebtes. Ges. W. Bd. 9, S. 118.

[4] Das LVII. Jahr der Republik. Ges. W. Bd. 5, S. 68.

[5] Briefe aus Frankreich und Italien. Ges. W. Bd. 4, S. 337 ff.

zur richtigen Erkenntnis und zur Geltung gebracht werden[1]. Die gegenwärtige, auf der Herrschaft des Mittelstandes beruhende Ordnung ist nur das Zwischenglied, welches die alte monarchisch-feudale mit der neuen socialistisch-republikanischen Welt verbindet[2].

Der Prototypus[3] des monarchischen Staates — sei es des Königtums, sei es der Republik mit monarchischen Principien — ist der Hausvater, der für seine Kinder sorgt, der Herr, der seine Arbeiter beschäftigt, der Vormund, der für seine Mündel eintritt; der Prototypus der socialistischen Republik ist die freie Genossenschaft, deren Glieder in ihrer Verbrüderung gleiche Arbeit und gleichen Anteil am Gewinn haben. In dem einen Falle wird das Volk verwaltet, in dem anderen Falle verwaltet es selbst seine Angelegenheiten. Die Monarchie mufs unbedingt auf eine geheiligte, unantastbare Autorität gegründet sein; diese Autorität steigt von den Stufen des Thrones bis ins Volk hinab, indem sie jeder Rangklasse in der gesellschaftlichen Hierarchie etwas von der höchsten Gewalt verleiht; auf der Stirn eines jeden Gensdarmen sind die Spuren des Öls bemerklich, mit dem sein Monarch gesalbt ist. Die Monarchie braucht Feierlichkeit und Prunk; der Purpur und die gesamte Repräsentation der Majestät sind dem Könige ebenso notwendig, wie dem Priester der Talar. Die königliche Gewalt mufs sich auf Schritt und Tritt äufserlich bemerkbar machen, sie mufs daran erinnern, dafs einzelne Persönlichkeiten ihr gegenüber nicht in Betracht kommen, dafs sie Untergebene sind, und verpflichtet sind, ihr ihr bestes zu opfern und vor allem ihr immer zu gehorchen.

Die Vernichtung der Autorität ist dagegen der Anfang der socialistischen Republik; ihre erste Vorbedingung sind freie und selbständige Menschen; denn jede Autorität vernichtet die Unabhängigkeit des Verstandes. Hier bedarf es

---

[1] Briefe aus Frankreich und Italien. Ges. W. Bd. 4, S. 189.
[2] Das LVII. Jahr der Republik. Ges. W. Bd. 5, S. 67.
[3] Briefe aus Frankreich und Italien. Ges. W. Bd. 4, S. 338 ff.

keiner anderen Principien, als der unumgänglichen Grundlagen jedes gemeinschaftlichen Zusammenlebens; diese Grundlagen sind auch nicht ein besonderes Charakteristikum der socialistischen Republik, sie sind einfach notwendigerweise da vorhanden, wo Menschen zusammenleben, weil man vernünftigerweise ihrer nicht entraten kann. Denn die Forderungen des Verstandes sind an sich bindend, sie hängen nicht von irgend welchen Capricen ab, und eben darum giebt es auch nichts, was der Autorität mehr widerspräche, als die Logik; darum ist auch in Monarchien die Verwaltung so schwer und kompliziert, weil sie nicht die äufsere Form für die Thätigkeit aller darbietet, sondern den Willen und den gesunden Verstand der Unterthanen ganz aufser acht läfst, indem sie sie als unmündig und unfähig betrachtet. Je freier die Personen und mit den Personen auch die Kommunen sind, desto weniger hat der Staat zu thun; drei Viertel der Arbeit, die gegenwärtig die Regierungen belastet, wird von selbst geschehen, ohne jedes Wissen und ohne Beteiligung der Centralgewalt. Die Monarchie hat freiwillig diese Bürde auf ihre Schultern genommen, um dadurch ihre Macht über die Unterthanen zu festigen.

Die Monarchie ist auf den Dualismus begründet, die Regierung wird dabei nie mit dem Volke übereinstimmen können, denn sie ist die Vorsehung, der geheiligte Stand, der schaffende Geist, und das Volk nur die leidende Masse, die gehorsame Herde des guten Hirten. Die Monarchie ist vorzugsweise theokratisch, sie hält sich an das göttliche Recht, sie und die Religion stützen sich gegenseitig; der König auf Erden hat einen König im Himmel zur Voraussetzung seiner Existenzberechtigung. Denn warum sollten die Menschen nicht einem Könige gehorchen, wenn doch das ganze Weltall einem Gott gehorcht? Von einer wahren Sittlichkeit kann aber dabei nicht die Rede sein, denn die Pflicht des Gehorsams enthebt den Menschen seiner persönlichen Verantwortung und damit der Grundlage einer jeden Moral; die Autorität verneint die menschliche Würde und Selbständigkeit, ebenso wie der Glaube das Denken ausschliefst.

In der Monarchie ist folgerichtig nur die Person des Herrschers sittlich, denn sie allein ist frei. Der socialistischen Staatsordnung ist ihr Lebensprincip immanent, sie kennt keinen Dualismus, keinen Unterschied zwischen Geistlichen und Weltlichen, Höheren und Niederen, der Mensch selbst ist ihre Religion, ihr Gott. Darum hat sie auch einen sittlichen, zum gesellschaftlichen Zusammenleben befähigten, freien Menschen zur Voraussetzung, der von niemandem Befehle erhält, durch keine übermächtige Gewalt bedrückt wird, und durch die Verantwortlichkeit für seine Handlungen zur Ausbildung der höchsten menschlichen Moralität gebracht wird. Denn die Moralität wird hier zur natürlichen Form des menschlichen Willens, sie repräsentiert die physiologische Vereinigung der Bestrebungen des Menschen mit der äufseren Welt, mit der Gesellschaft; sie bedarf keines weiteren Wegweisers, keiner strafandrohenden Anleitung. Darin stimmt die socialistische Staatsordnung mit der Natur überein; denn auch die Natur gehorcht nicht aufserhalb liegenden Gesetzen, sondern Gesetz und Erfüllung fallen in ihr zusammen, sie selbst ist das ins Leben gerufene Gesetz. Ein Gesetz als Abstraktion existiert nur in der menschlichen Einbildung. Der socialistische Staat bedarf keiner Symbolik, bedarf nicht der lügenhaften Idee der Übertragung der eigenen Selbstherrschaft auf gewählte Abgeordnete des Volkes; denn der freie Mensch kann sich seiner Selbstherrlichkeit ebenso wenig entäufsern, wie jeder anderen Lebensfunktion, er kann sich nicht zum Sklaven seiner Stimme machen. Vertrauensmänner, Delegierte sind auch hier aus rein materiellen Ursachen infolge der Entfernungen, der Beschäftigungen der Menschen erforderlich, aber sie repräsentieren keine höhere Gewalt, sondern sie füllen nur den Willen ihrer Mandanten aus. In seiner früheren Form ist das Repräsentativsystem ganz wertlos[1]; man hätte die ganze gesellschaftliche Hierarchie von Wahlen abhängig machen sollen, man hätte der Kommune anheimstellen sollen, ihre Regierung zu wählen, und alle jene

---

[1] Briefe aus Frankreich und Italien. Ges. W. Bd. 4, S. 315.

Prokonsuln beseitigen sollen, die die heilige Weihe durch die ministerielle Salbung erhalten haben. Die Regierung[1] soll in der Kommunalverwaltung liegen, verbunden mit einer Kanzlei für alle gemeinsamen Angelegenheiten, mit einer Registratur zur Niederlegung des Volkswillens; einer weiteren Centralisation bedarf es dabei nicht, denn die republikanische Einheit ist begründet auf den allgemeinen Vorteil, auf die Entwickelung des Volkes, auf Gleichheit des Stammes und der Sitten, und wo diese Grundlagen fehlen, da ist auch kein Bedürfnis mehr nach einer künstlichen Vereinigung, nach naturwidriger Centralisation vorhanden. Zufällig verbundene Teile können sich trennen, um nach Bedürfnis entweder selbständig zu verbleiben oder in den Verband anderer mehr homogener Vereinigungen einzutreten. Ein Blick auf die heutigen Staaten Europas genügt, um zu erkennen, wie wenig in ihnen wirklich nationale Einheit vorhanden ist.

Der Gedanke der Freiheit erschreckt uns, weil wir uns vor den Menschen fürchten, weil die Monarchie sie uns für viel schlechter hat halten lehren, als sie wirklich sind. Bis jetzt schliefen wir nur ruhig im Vertrauen auf eine starke Regierung, die, auf die Macht der Bajonette gestützt, uns ins Gefängnis werfen, verschicken, füsilieren lassen kann — eine Regierung, deren Vorhandensein uns im Gegenteil Schlaf und Ruhe hätte rauben sollen. Der Mensch ist aber vorzugsweise ein „gesellschaftliches Wesen“, wie schon Aristoteles sagte, das sociale Zusammenleben zweckentsprechend zu gestalten kann ihm nicht schwer fallen, weil es einem Bedürfnis seiner Natur entspricht[2]. Man soll nur einiges Vertrauen[3] zu den Menschen hegen, von ihnen nichts Unsinniges oder Unmögliches verlangen, weder übertriebene Tugendhaftigkeit, noch unnatürliche Selbstverleugnung, dann wird er von selbst das Böse meiden. Bisher bestrebte man sich, den gesunden Sinn der grofsen Massen zu leugnen; jetzt ist es endlich Zeit, die Mündigkeitserklärung des Volkes auszusprechen.

---

[1] Briefe aus Frankreich und Italien. Ges. W. Bd. 4, S. 342 ff.

[2] Omnia mea mecum porto. Ges. W. Bd. 5, S. 157.

[3] Briefe aus Frankreich und Italien. Ges. W. Bd. 4, S. 343.

Noch setzen die gegenwärtigen Machthaber alles daran [1], um die Zügel der Herrschaft nicht aus den Händen zu verlieren; aber das Volk hat sein früheres kindliches Vertrauen in die Rechtmäfsigkeit dessen, was mit ihm geschieht, verloren; nur die Furcht vor der Gewalt, und die Unfähigkeit, in dem eigenen Übel die allgemeine Krankheit zu erkennen, halten es noch in Schranken. Wohl haben es bereits klarsehende Männer unternommen [2], dem Volke über seine Zukunft die Augen zu öffnen. Die Wissenschaft der politischen Ökonomie in ihrer bisherigen beschränkt-doktrinären Gestaltung, in ihrer Abhängigkeit von der Bourgeoisie, wurde durch die Kritik blofsgestellt, vernichtet; denn die Kritik ist die Stärke unseres Jahrhunderts; populär jedoch ist sie nicht. Das Volk verlangt eine fertige Lehre, eine ausgearbeitete Dogmatik, es vermag sich nicht für abstrakte Ideen, für ökonomische Theorien zu begeistern. Die bisherigen socialistisch gedachten Versuche einer Neuschaffung der wirtschaftlichen Ordnung scheiterten an der Macht der Gewohnheiten, der Vorurteile, der phantastischen Überlieferungen. Sie waren erfüllt vom Wunsche nach dem Glücke der Gesamtheit, getragen von Liebe und Treue, Sittlichkeit und Hingabe an die Allgemeinheit, aber sie verstanden es nicht, die verbindende Brücke aus dem Bereich der Idee ins praktische Leben, aus der Welt der Bestrebungen in die Sphäre der Verwirklichung zu schlagen. Vorläufig wurde der Kampf gegen das Alte innerhalb der gebildeten Welt auf litterarischem Gebiete geführt; die alte Wissenschaft war bald im Nachteile, verlor ihre besten Anhänger, geriet in die Hände einer gewinnsüchtigen Mittelmäfsigkeit. Die Wissenschaft des Malthus und des Say, an sich ohne bedeutende Tiefe, artete immer mehr aus in eine Gelehrsamkeit kleinlicher Handelspraktiken, mittels deren die Menschen mit einem möglichst geringen Kapitalaufwand möglichst viel Produkte herstellen und letztere möglichst sicher konservieren könnten;

[1] On liberty. Ges. W. Bd. 9, S. 253 ff.

[2] Briefe aus Frankreich und Italien. Ges. W. Bd. 4, S. 187 ff.

man richtete nur sein Augenmerk darauf, wie man den armen Konsumenten auf der einen Seite durch Verringerung der gezahlten Löhne, auf der anderen Seite durch Steigerung der Produktenpreise möglichst schädigen könne. Dagegen wurde denn auch allmählich aus der Tiefe des Volkslebens heraus[1] die Forderung nach Sicherstellung des täglichen Brotes mit immer gröfserem Nachdruck gestellt; ebenso wie bei den Besitzenden, so war auch nunmehr bei den Besitzlosen der revolutionäre Idealismus durch die ökonomische Frage in den Hintergrund gedrängt worden. Der Kampf wurde unvermeidlich, und zwar ein Kampf bis aufs Messer; denn sowohl der Hunger als die Sorge um den Besitz können den Grimm des Menschen entfachen. Die Hoffnung der Bourgeoisie beruht auf der Unwissenheit der Massen; denn letztere allein[2] machen Armut und Knechtschaft möglich, — das wufsten diejenigen sehr wohl, die, zur Erziehung des Volkes berufen, es jahrhundertelang sittlich und physisch unterdrückt und in nahezu tierischer Unbildung belassen hatten. Aber das Leiden[3] und der Drang nach Rache bilden schneller, als man glaubt, und reifen das Verständnis der Massen; denn allmählich sind ihnen die Augen geöffnet worden, und sie werden nicht lange um die Mittel verlegen sein, mit denen sie ihren Bedrückern alle Vorrechte, Privilegien und Monopole entreifsen werden, nicht um sich damit zu bereichern, sondern um sie für immer zu vernichten, um der freien Weiterentwickelung der Menschheit die Bahn zu ebnen. Dabei mufs jeder exklusive Patriotismus verschwinden[4], denn, ebenso wie einst beim Auftreten des Christentums, so liegt auch die Stärke des Socialismus in seiner allgemein gültigen Weltbedeutung.

Herzen glaubt an die Notwendigkeit der socialistischen Weltordnung mit unerschütterlicher Festigkeit; und diese

---

[1] Briefe aus Frankreich und Italien. Ges. W. Bd. 4, S. 191 ff.

[2] Pater V. Petcherine. Ges. W. Bd. 9, S. 266.

[3] Briefe aus Frankreich und Italien. Ges. W. Bd. 4, S. 192, 194.

[4] Ebenda S. 377. — Gedachtes und Erlebtes. Ges. W. Bd. 7, S. 288.

Wahrheit, die ihm wie ein neues Evangelium erscheint, hat er aus seinem Inneren heraus sich selbst erworben. Seine Vorgänger und Lehrmeister erscheinen ihm nur als die ersten Pfadfinder[1]; der Socialismus, zu Zeiten Saint-Simons und Fouriers noch in den Kinderschuhen, ist jetzt erst in das mannbare Alter getreten; alle bisherigen socialistischen Lehren erschienen Herzen nur als die ersten unartikulierten Laute der Sprache[2], die von dem jugendlichen Verstande erfaſst worden ist, ohne daſs er sich ihrer noch zu bedienen vermag. Daher erkennt Herzen denn auch klar, wie viel Sinnloses in dem Kommunismus Baboeufs, in dem Socialismus Saint-Simons und Fouriers zu Tage gefördert worden ist[3]. Die Verschiedenheit der Entwickelungsstadien bringt denn auch den Unterschied der Systeme mit sich. Solange[4] der Socialismus nur ein theoretischer Gedanke war, schuf er sich Formen und äuſsere Gewandung, gefiel er sich in phantastischen Konstruktionen — man denke nur an das Phalanstère Fouriers; als er sich jedoch zu verwirklichen begann, da verschwanden der Saint-Simonismus und Fourierismus, die nicht die genügenden Waffen zu einem Kampf auf Tod und Leben hatten bieten können. Immerhin blieb ihnen das Verdienst, dem Zukunftswerke vorgearbeitet zu haben; „denn wie hätte das Volk nicht sehend werden sollen", ruft Herzen aus[5], „wenn solche Ophthalmisten wie Saint-Simon und Fourier vorhanden waren, um ihm den Staar zu stechen".

Daſs von diesen beiden Männern[6], die, ohne einander zu kennen und von ganz verschiedenen Ausgangspunkten beginnend, doch zu denselben Resultaten gekommen waren, einander auf das vorzüglichste ergänzend, Saint-Simon von jeher den gröſseren Einfluss auf Herzen ausübte, lag schon in

---

[1] Briefe aus Frankreich und Italien. Ges. W. Bd. 4, S. 194.

[2] Pater V. Petcherine. Ges. W. Bd. 9, S. 264.

[3] Briefe aus Frankreich und Italien. Ges. W. Bd. 4, S. 346.

[4] Ebenda S. 347.

[5] Ebenda S. 194.

[6] Vgl. L. Stein, Geschichte der socialen Bewegung in Frankreich. Leipzig 1850. Bd. 2, S. 228 ff.

äufseren Verhältnissen bedingt. Aristokrat von Geburt, wie jener, hatte er früh schon Gelegenheit Menschen und Verhältnisse in reichem Mafse kennen zu lernen; beide hatten bereits in jugendlichem Alter eine Fülle mannigfaltigster Eindrücke gewonnen, die ihnen die gefundenen Wahrheiten erst zur Anschauung, dann zum Verständnis brachten; beiden war daher besonders der Blick für die Vergangenheit klar geschärft, in der sie, von verwandten Erscheinungen der Gegenwart ausgehend, unschwer den Kausalzusammenhang der Dinge zu erkennen vermochten. In Übereinstimmung mit Saint-Simon ist Herzen vorzugsweise begreifend, sein kritischer Blick kommt ihm dabei zu statten; Fourier hingegen, in kleinlichen Verhältnissen fern von dem Getriebe der grofsen Welt erwachsen, gelangt auf dem Wege des Nachdenkens zum Princip, das er dann in der Aufsenwelt verwirklicht sehen will. In jener mehr realeren Welt, in welcher Herzen gemeinschaftlich mit Saint-Simon zu Hause war, mochte sich wohl eine Verständigung erzielen lassen; da er jedoch Fourier nur auf dem Gebiete der logischen Konstruktion traf, so musste er bei der in ihm selbst hierin vorhandenen Neigung zum Extremen, trotz der Übereinstimmung der Grundgedanken, notwendigerweise mit ihm zerfallen. So haben denn die phantastisch-symbolischen Aufstellungen Fouriers keine Anziehungskraft auf Herzen auszuüben vermocht. Aber auch der Saint-Simonismus vermochte ihn nicht dauernd zu fesseln und konnte ihm nicht genügen, zumal als er unter dem Einflusse Bazards und Enfantins immer mehr in eine mystische Kultusform ausartete, immer mehr religiösen Charakter annahm. Denn alles annähernd theokratische hatte Herzen aus seinem System auszumerzen sich bestrebt; nur praktisch-reale Elemente sollten in seiner Dogmatik Aufnahme finden. In Bezug auf diese letztere Anforderung fand er nun, im Gegensatz zu jenen beiden Begründern des französischen Socialismus, volle Befriedigung in den Lehren des Mannes, der gleichzeitig in England Bahn brechend gewirkt hatte, Robert Owen[1].

---

[1] Vgl. Conrads Handwörterbuch der Staatswissenschaften, Bd. 5, S. 81, Art. Owen von H. Herkner.

Die Übereinstimmung in den Ansichten Herzens mit denjenigen des grofsen englischen Socialisten ist charakteristisch genug für seine Denkweise, um ein etwas ausführlicheres Eingehen auf das Verhältnis beider zu motivieren.

Beide hatten ihre Lehren auf dieselben Grundlagen gestellt. Ebenso wie Herzen hatte auch Owen[1] mit der Beseitigung alt überlieferter, das klare Verständnis der Menschen trübender Vorurteile begonnen; er hatte sich nicht gescheut zu zeigen, dafs religiöser Mysticismus die freie Entwickelung der Menschheit behindert; dafür hatte ihn das englische Volk gesteinigt. Denn, obgleich in seinen Institutionen[2] freiheitlicher als das europäische Festland, kennt England doch noch weniger als jenes die sittliche Unabhängigkeit des Gewissens; man beugt sich hier mehr als anderswo vor der Macht der öffentlichen Meinung, die, vom Geiste beschränkter Mittelmäfsigkeit getragen, alle über die Zahl der einmal fest kursierenden Ideen hinausgehenden Lehren perhorresciert. Dennoch bewahrte Owen bis ins höchste Alter hinein seine grofsartige Toleranz in der Sündenvergebung, seine Milde bei Beurteilung menschlicher Dinge; denn ebenso wie Herzen hatte er nicht richten sondern prüfen wollen, wenn auch letzterer sein empörtes Gefühl weniger in Schranken zu halten vermochte als Owen, den er bewunderungsvoll als „den Entlastungszeugen im grofsen Criminalprozess der Menschheit“[3] bezeichnet. Es war sein Bestreben, das allmähliche Emporkommen, die Ausgestaltung des menschlichen Verstandes in der geschichtlichen Entwickelung zu verfolgen[4]; denn indem er in allen Dingen die auf notwendigen Kausalzusammenhang beruhende Weiterbildung sah, wollte er die Gesetzmäfsigkeiten finden, die auch für die Zukunft bestimmend in der Leitung des menschlichen Verstandes zum Segen der Gesamtheit verwertet werden sollten. „Denn“ sagte er, — und damit stimmte er völlig mit Herzen überein — „der Charakter

---

[1] Robert Owen. Ges. W. Bd. 9, S. 284.

[2] Ebenda S. 287.

[3] Ebenda S. 279.

[4] Ebenda S. 289 ff.

des Menschen wird durch die ihn umgebenden Umstände bestimmt; aber die Gesellschaft vermag es, diese Umstände so auszugestalten, daſs sie die bestmögliche Entwickelung der geistigen und praktischen Fähigkeit befördern, indem dabei die unendliche Mannigfaltigkeit der Persönlichkeiten in Harmonie mit der Mannigfaltigkeit der Natur gewahrt bleibt. Die Schwäche des Systems lag in der Voraussetzung Owens, daſs die zeitgenössische Gesellschaft seine Wahrheit verstehen würde, in der an sie gestellten Zumutung, sich nicht als das Endresultat der Entwickelung, sondern nur als ein physiologisches weiterzubildendes Entwickelungsstadium anzusehen. Das betonte auch Herzen, der den Optimismus Owens nicht zu teilen vermochte; denn letzterer vindizierte der Menschheit[1] bereits die volle Reife der Erkenntnis, während Herzen sich darüber klar war, daſs es vorläufig erst die Aufgabe der wenigen geistig erleuchteten sei, die Wahrheit für die Menschheit zu erringen, und ihr in unablässigem Streit zur allgemeinen Anerkennung zu verhelfen[2]. Denn die ganze bisherige Erziehung der Menschen war dermaſsen auf Vorführung entstellter Bilder gerichtet[3], daſs es einer längeren Läuterung des menschlichen Geistes zur Gewöhnung an einfach klare Gedanken wird bedürfen müssen. Dennoch hat Owen, auch schon Dank seiner Methode[4], berechtigten Anspruch auf unsere Anerkennung; denn behufs socialer Wiedergeburt der Menschen begann er nicht mit der Konstruktion eines Phalanstère[5], träumte er nicht von ikarischen Gefilden[6], sondern er gründete eine Erziehungsanstalt, in welcher Kinder im zartesten Alter Aufnahme fanden[7]. Damit hat Owen sich

---

[1] Robert Owen. Ges. W. Bd. 9, S. 300, 301.

[2] Vgl. Vom anderen Ufer. Vixerunt. Ges. W. Bd. 5, S. 99, 100.

[3] Robert Owen. Ges. W. Bd. 9, S. 292. Vgl. Vom anderen Ufer. Omnia mea mecum porto. Ges. W. Bd. 5, S. 152.

[4] Ebenda S. 302 ff.

[5] Wie Fourier, Considerant etc.

[6] Wie Cabet.

[7] Es sei hier daran erinnert, daſs Owen es war, der auch die erste Anregung zu den heutzutage in England verbreiteten cooperativen Arbeiter-Konsumvereinen und zu den Trades-Unions gab.

das grofse Verdienst erworben — und das rechnet Herzen ihm besonders hoch an — allen denjenigen die Waffe aus der Hand genommen zu haben, die den Socialismus des unfruchtbaren Utopisierens zeihen, die ihm die Fähigkeit absprechen, praktisch lebensfähige Gebilde zu schaffen. Das Institut von New Lanark erbrachte aber auch den thatsächlichen Beweis, dafs der arme unterdrückte Arbeiter, der Bildung entbehrend, von Jugend auf zu Trunk und Betrug und zum Kampf gegen die Gesellschaft angeleitet, den Reformbestrebungen sich nur anfangs aus Mifstrauen widersetzt; sobald er sich jedoch davon überzeugt hat, dafs die Veränderung nicht zu seinem Schaden gereicht, folgt er dem Führer mit Ergebung, dann mit vertrauender Liebe.

Robert Owen [1] machte durch sein Leben das Wort „tout comprendre, c'est tout pardonner“ zur Wahrheit. Auch darin tritt die Übereinstimmung Herzens mit ihm zu Tage, dafs beide zu der Einsicht gelangen, wie beschränkt der freie Wille des Menschen ist, wie sein Thun oft nur die Folge äufserer Umstände ist, wie unberechtigt es daher ist, bei jedem Verbrechen nur die Schuldfrage aufzuwerfen und das Strafmafs zu erwägen, während man doch vielmehr die Ursachen des Übels zu beseitigen suchen sollte; dazu aber mufs man die Menschen nicht durch Furcht vor Strafe vom Bösen abschrecken wollen, sondern es gilt, sie von Hause aus durch Erziehung zur Übereinstimmung mit den Daseinsgesetzen der Gesellschaft zu bringen, nicht durch gewaltsamen Eingriff in ihre Entwickelung, sondern durch Ausbildung der in innen ruhenden gesellschaftlichen Fähigkeiten. Letzteres wurde in erster Linie von derjenigen Richtung des Socialismus mifsverstanden und verkannt, die in direktem Widerspruch zu der praktisch-pädagogischen Methode Owens durch Gewaltmafsregeln die menschliche Gesellschaft zur Ordnung bringen wollte; es war das jener Kommunismus, als dessen

[1] Robert Owen. Ges. W. Bd. 9, S. 310 ff.

erster krasser Repräsentant zu Ende des vorigen Jahrhunderts Grachus Babœuf, auftrat[1].

So sehr Herzen im wesentlichen mit Owen übereinstimmte, so energisch nimmt er gegen die Art und Weise des Vorgehens des Babouvismus Stellung[2], obgleich er bei aller Mifsbilligung der Ziele seine Bestrebungen als zweckverwandt anerkennt. Der Grundfehler Babœufs bestand nach Herzens Meinung darin, dafs er eine starke Regierungsgewalt in die neue Welt mit hinübernehmen wollte; kraft dieser Gewalt wollte er die Menschen zu ihrem Glücke zwingen, machte sie zu Leibeigenen der Gesamtheit und that jeglicher freien Entfaltung individueller Fähigkeiten durch die von oben herab dekretierte Gleichheit und absolute Regelmäfsigkeit Gewalt an. Er lebte in dem Irrtum, als befinde sich die Gesellschaft in einem pathologischen Zustande, er wollte ihr gegenüber die Thätigkeit des Chirurgen verrichten, der zur Heilung des Körpers in der operativen Entfernung der kranken Teile das Mittel findet. Es ist jedoch nur ein solcher Zustand als pathologisch anzusprechen, der von einer gewissen, gegebenen Norm abweicht; wo aber wäre in der menschlichen Entwickelungsgeschichte diese Norm zu finden, wann und durch wen wäre dieselbe festgesetzt worden? Unsere Gesellschaftsordnung ist vielmehr das notwendige Resultat vorhergehender Ursachen, ihr Zustand ist kein pathologischer, sondern ein embryogenischer, er ist an sich unvollkommen, birgt aber die Keime zukünftiger Ausgestaltung in sich. Das erkannte auch Owen, und darum übernahm er der Gesellschaft gegenüber die Thätigkeit — nicht des Chirurgen — sondern des Accoucheurs, der eben jene Keime zu lebensvoller Entfaltung bringen will. Babœuf[3] wollte den Menschen ihr Wohlbefinden zugleich mit der kommunistischen Republik aufoctroyieren; Owen wollte sie durch Erziehung

[1] Vgl. Conrads Handwörterbuch der Staatswissenschaften, Bd. 2, S. 1, Art. Babeuf v. G. Adler.

[2] Robert Owen. Ges. W. Bd. 9, S. 313 ff. — England. Ges. W. Bd. 9, S. 209, 210.

[3] Robert Owen. Ges. W. Bd. 9, S 321 ff.

in einen unvergleichlich vorteilhafteren ökonomischen Zustand hinüberleiten; beide scheiterten, weil sie von den Massen nicht verstanden wurden. Gleichzeitig mit ihnen lebte ein Mann, dem nichts ferner lag, als eine derartige auf das Wohl der Menschheit hinzielende Absicht — Napoleon Bonaparte; aber er verstand es, in den Menschen ruhende Eigenschaften zu seinen Zwecken heranzuziehen, er machte sich den Genius des Volkes dienstbar, er wurde von den Massen begriffen, und darum errang er unerhörte Erfolge.

Bedürfte es wohl eines schlagenderen Beweises dafür, dafs nicht diejenigen Reformbestrebungen die gröfste Aussicht auf Erfolg haben, die der Menschheit den meisten Nutzen versprechen, sondern dafs es vielmehr eine notwendige Vorbedingung ihres Gelingens ist, dafs ihnen im menschlichen Gemüte durch Verbreitung der Erkennntnis ihrer grundlegenden Gedanken der Boden zuvor bereitet war? Indem Herzen das als unumstöfsliche Wahrheit erkannte, machte er es sich und allen anderen Vorkämpfern des Socialismus zur Pflicht, allen zuvor durch unablässige Verkündigung der erkannten Wahrheiten in den weitesten Kreisen das Verständnis für die zu erwartende Neugestaltung der Dinge heranreifen zu lassen[1]; wären diese Wahrheiten in ihrer naturgesetzten Notwendigkeit erst allgemein erkannt, so würde die Realisierung derselben wie eine reife Frucht vom Baume fallen müssen. —

Berechtigter Weise tritt Herzen hiermit in einen Gegensatz zu der Mehrzahl seiner socialistisch wirkenden Vorgänger, der Fourierismus mit seinem Phalanstère, der Babouvismus mit seiner gewaltsam egalitairen Republik, ebenso auch die Weiterbildung des Communismus in den ikarischen Zukunfts-Plänen Cabets[2] entbehrten von vornherein der Lebensfähigkeit, da sie ihre Institutionen schaffen wollten,

---

[1] Robert Owen. Ges. W. Bd. 9, S. 321. — Vixerunt. Ges. W. Bd. 5, S. 98 ff. — Consolatio. Ges. W. Bd. 5, S. 125 ff. — Das russische Volk und der Socialismus. Ges. W. Bd. 5, S. 213. — Pater Petcherine. Ges. W. Bd. 9, S. 266.

[2] Vgl. Conrads Handwörterbuch der Staatswissenschaften, Bd. 2, S. 801, Art. Cabet von Lexis.

ohne ihnen zuvor durch die Anerkennung der Völker ihre Existenzberechtigung gesichert zu haben. Allerdings erwartete auch Herzen eine der gegenwärtigen Gesellschaftsordnung in nichts ähnliche Neugestaltung der Dinge in der Zukunft, aber eben darum, weil dieselbe wohl ebenso wenig mit den vorhandenen Erscheinungsformen des socialen Lebens gemein hatte, als jene phantastischen und erzwungenen Konstruktionen der früheren Socialisten, erachtete er es für notwendig, die Reform des Gesellschaftslebens durch eine Reform des menschlichen Denkens anzubahnen. Indem er nun auf der anderen Seite jedes Compromifs mit der alten Weltordnung verwarf, gelangte er in eine Oppositionsstellung auch gegenüber jener Richtung des politischen Socialismus, die sich zeitweilig vorzugsweise in Frankreich geltend machte [1], und in erster Linie durch Louis Blanc [2], weiterhin durch Armand Barbès, Ledru-Rollin u. a. vertreten wurde. Alle diese Männer sahen in der Revolution des Jahres 1793 die Metaphysik des gesellschaftlichen Lebens [3], die Ideen jener Zeit waren ihnen zur religiösen Tradition geworden, die Schlagwörter „Republik“ und „Demokratie“ repräsentierten ihnen die Erfüllung aller Wünsche: Verbrüderung der Völker, Sättigung der Hungrigen, Beglückung der Menschen; und indem Louis Blanc, zeitweilig Mitglied der provisorischen Regierung in Frankreich, das von ihm proklamierte Recht auf Arbeit mit Hilfe der Staatsgewalt praktisch organisieren wollte, nahm er damit eine der von Herzen am meisten angegriffenen Grundlagen der alten Weltordnung in die neue mit hinüber. Alle Versuche einer Ausgleichung zwischen dem formalen Republikanismus und dem Socialismus sah Herzen von Hause aus als verfehlt an [4]; insbesondere sah er gerade in dem von Louis

---

[1] England. Ges. W. Bd. 9, S. 201, 202.

[2] Vgl. Conrads Handwörterbuch der Staatswissenschaften, Bd. 2, S. 643, Art. Blanc von L. Elster.

[3] England. Ges. W. Bd. 9, S. 210 ff.

[4] England. Ges. W. Bd. 9, S. 212. — Briefe aus Frankreich und Italien. Ges. W. Bd. 4, S. 368. — Ende und Anfang. Ges. W. Bd. 10, S. 221 ff.

Blanc verteidigten Princip der staatlichen Centralisation[1] eines der wesentlichsten Hemmnisse freier gesellschaftlicher Entwicklung. Der Kardinal-Unterschied lag darin, daſs jene vermittelnden Socialisten eine Reform im Auge hatten, die in Anlehnung an die früheren Revolutionen einen vorwiegend politischen Charakter tragen würde, während Herzen eine ihrem ganzen Wesen nach ausschlieſslich sociale Reform radikalster Färbung wünschte und prognosticierte[2]. Es ist das eines der Momente innerhalb des Ideenkreises Herzens, die es uns immer wieder in die Erinnerung zurückrufen, daſs er die Schule Saint-Simons[3] hatte durchmachen müssen, um zu jenen Überzeugungen zu gelangen, die späterhin den Inhalt seines Daseins ausmachten. —

In weit gröſserem Maſse entsprach den Forderungen Herzens in Bezug auf die Ausgestaltung der socialistischen Lehre der seinerzeit bedeutendste Vertreter des kritischen Socialismus: Pierre Josephe Proudhon. Allerdings vermochte er in den Ideen Proudhons ein positives System nicht zu entdecken[4], was dieser vorbrachte, war vorzugsweise Kritik und Negation des Bestehenden; darin gerade aber lag seine Stärke, auf diesem Gebiete vermochte er einer der gefährlichsten Gegner der Anhänger der alten Weltordnung zu werden. Proudhon ist vorzugsweise der Dialektiker, der Controversist der socialen Fragen[5]; es besteht darin viel Ähnlichkeit zwischen ihm und Hegel, nur mit dem Unterschiede, daſs Hegel stets auf der ruhigen Höhe der Wissenschaft verharrt, während Proudhon sich mitten in das Kampfgetümmel der Parteien hineinstürzt, in die innersten Tiefen der Volksseele hineindringt. Er giebt keine abstrakten Recepte, keine

---

[1] Vgl. Louis Blanc, L'état et la commune. Paris 1866.

[2] Die alte Welt und Ruſsland. Ges. W. Bd. 5, S. 266 ff. — Briefe aus Frankreich und Italien. Ges. W. Bd. 4, S. 184 ff.

[3] Vgl. L. Stein, Geschichte der socialen Bewegung in Frankreich. Leipzig 1850. Bd. 2, S. 226, 227.

[4] Briefe aus Frankreich und Italien. Ges. W. Bd. 4, S. 347. — Pater Petcherine. Ges. W. Bd. 9, S. 264.

[5] Gedachtes und Erlebtes. Ges. W. Bd. 9, S. 44 ff.

systematischen Formeln, keine Nutzanwendungen; die Idee der Nationalbank ist die einzige Utopie deren er sich schuldig gemacht hat; denn indem er darauf verzichtet eine Panacee für die Leiden der Menschheit zu finden, erscheint er als der schonungslose Beurteiler, der den Zersetzungsprocefs der alten Ordnung Schritt für Schritt und in allen Zweigen des gesellschaftlichen Organismus verfolgt. Er ist der abgesagte Feind aller derjenigen „ewigen Wahrheiten", die nur dazu beitragen, das menschliche Erkennungsvermögen, das sie kritiklos annehmen mufs, in Schlaf zu wiegen[1]; denn die reale Wahrheit ist der Spiegel der zeitweiligen Ereignisse, und erhält ihren lebendigen Inhalt durch ihre beständige Beeinflussung seitens derselben. Die politischen Ideen des alten Liberalismus und der konstitutionellen Republik, wie sie in den Jahren 1793 und 1848 zum Ausbruch kamen, hielt mit Herzen auch Proudhon für überlebt[2]; auch er erwartete den völligen Zusammenbruch der alten Welt[3], und erregte ebenso wie jener bei seinen Zeitgenossen durch die Unabhängigkeit und Rückhaltlosigkeit in der Kritik des Vergangenen Anstofs, ohne sich dadurch in der Freiheit seines Denkens beirren zu lassen. Es war diese Übereinstimmung im Radikalismus, diese Verurteilung jeglichen veralteten Doctrinarismus[4], welche diese beiden Männer auch zeitweilig zu gemeinschaftlicher praktischer Thätigkeit verband[5]; allerdings sollte es sich späterhin zeigen, dafs Herzen an energi-

---

[1] Gedachtes und Erlebtes. Ges. W. Bd. 9, S. 48. Vgl. John Stuart Mill, On liberty: the deap slumber of a decided opinion.

[2] Vgl. Correspondance de P. J. Proudhon. Paris 1875. Tome 4, S. 316, 317. Brief an A. Herzen vom 7. August 1852.

[3] Vgl. Briefe aus Frankreich und Italien. Ges. W. Bd. 4, S. 376.

[4] Vgl. Ende und Anfang. Ges. W. Bd. 10, S. 236 ff.

[5] Proudhon erhielt von Herzen die Mittel zur Begründung seines Journals La voix du peuple und räumte ihm zugleich die Beteiligung an der Redaktion desselben ein. Gedachtes und Erlebtes. Ges. W. Bd. 9, S. 43—58. — Vgl. Correspondance de Proudhon. Paris 1875. Tome 3, S. 29, 150. — Ebenda, Tome 11, S. 21—25. Brief an A. Herzen vom 21. April 1861. — Ebenda, Tome 9, S. 347—351. Brief an A. Herzen vom 15. März 1860.

scher Konsequenz in der Ausführung der Ideen von Proudhon noch übertroffen wurde.

Nur in einem Punkte gingen die Ansichten Proudhons und Herzens wesentlich auseinander, nämlich in Bezug auf ihre Auffassung von der notwendigen Ausgestaltung des Familienlebens. Jedes auf socialistischer Grundlage beruhende wissenschaftliche System hat in erster Linie zu zwei Erscheinungsformen des gesellschaftlichen Lebens Stellung zu nehmen [1], zum Eigentum und zur Familie. Auf die Ansichten Herzens in Bezug auf die Zukunftsform des Eigentums wird bei Betrachtung seiner praktisch-politischen Ideen näher einzugehen sein, während seine Postulate betreffend die Familie durch den Vergleich mit denjenigen Proudhons um so eher zu Tage treten, als er in seiner Kritik über Proudhons Schrift „Über die Gerechtigkeit in Kirche und Revolution“ dieser Frage näher tritt [2]. Herzen steht nicht an, die Anschauungen Proudhons über die Bedeutung der Frau und über die Beziehungen des Familienlebens als roh und reaktionär zu bezeichnen; aus ihnen spricht die Empfindung des pater familias, der sich selbst für das monarchische Haupt des Hauses, das Weib nur als seine Haushälterin und untergebene Arbeiterin betrachtet. Das Ideal Proudhons ist die auf strenger Unterordnung unter die väterliche Obergewalt beruhende römisch-rechtliche Familie; sie wird für ihn zur Handwerkstätte, indem er ihr die Aufgabe stellt, im Dienste der Gerechtigkeit in beständiger Arbeit alles Persönlich-Leidenschaftliche in ihren Gliedern zu ertöten. Das Leben wird allen Reizes entkleidet, die rastlose Arbeit wird als Pflicht hingestellt, um einer abstrakten Gerechtigkeits-Idee Genüge zu thun. So ist der Mensch von mystischer Beeinflussung und religiösem Zwange nur befreit worden, um zum Sklaven des unerbittlichen „fiat justitia, pereat mundus“ zu werden. Die Frau wird nicht nur mit unerbittlicher Strenge für einen oft ohne

---

[1] Vgl. L. Stein, Geschichte der socialen Bewegung in Frankreich. Leipzig 1850. Bd. 2, S. 124.

[2] Gedachtes und Erlebtes. Ges. W. Bd. 9, S. 59—79.

selbstthätiges Bewufstsein gethanen Schritt verantwortlich gemacht, und gezwungen, alle Konsequenzen desselben willenlos zu tragen, es werden auch alle freien Regungen und Fähigkeiten ihres Geistes gewaltsam unterdrückt. Auf der Entfaltung letzterer[1] im Sinne der gesellschaftlichen Wohlfahrt aber beruht nach Herzen die gesamte Neugestaltung der menschlichen Dinge, und kein Glied der Gesellschaft soll dabei vernachlässigt werden, der Frau soll ebenso ihr Recht werden wie dem Manne. Aber ist erst einmal in der Familie eine unantastbare Autorität mit centralisierender Gewalt geschaffen, so baut sich folgerichtig auf ihr auch die antike patria auf, in deren Dienst so unermefslich viel Unheil angerichtet ward. Herzen ist sich der Schwierigkeit des zu lösenden Problems sehr wohl bewufst[2], denn es gilt hier, zwei diametrale Gegensätze in befriedigender Weise zu versöhnen; auf der einen Seite[3] läfst sich der im Menschen vorhandene natürliche Fortpflanzungstrieb seine Berechtigung nicht abstreiten, auf der anderen Seite erscheint es unmöglich, die Beziehungen zwischen Mann und Weib auf zufällige geschlechtliche Begegnungen zu reduzieren. Das Christentum verwirrte die vorhandenen philosophischen Verhältnisse, indem es eine ungesunde mönchische Askese als das Ideal hinstellte und die Ehe nur als eine Concession, als Inkonsequenz acceptierte; um die Unlöslichkeit der Ehe zu wahren, bedurfte es eines mystischen Hintergrundes, wurde die Ehe auf ein Sakrament begründet. Aber mit der Beseitigung aller mystischen Vorstellungen gilt es auch hier eine rein natürlich vernunftgemäfse Ordnung der Dinge zu schaffen. Der Rückfall in das Tierische ist schon deshalb zu verwerfen, weil er der gesellschaftlichen Entwicklungsstufe der Menschheit nicht adäquat ist; die rohesten Ausbrüche geschlechtlicher Leidenschaften erschienen aber auch in der Regel als Reaktion gegen eine gewaltsame Unterdrückung natürlicher Triebe. Eine

---

[1] Vgl. Vom anderen Ufer. Einleitung. Ges. W. Bd. 5, S. 10.
[2] Vgl. In Anlafs eines Dramas. Ges. W. Bd. 2, S. 308 ff.
[3] Gedachtes und Erlebtes. Ges. W. Bd. 9, S. 70 ff.

gesunde Entwicklung ist nur möglich auf der Basis absolut gleicher Bestimmungsfreiheit von Mann und Frau. Die Frau soll von jeglicher einengenden Vormundschaft befreit werden und volles Anrecht auf selbständige Arbeit, auf sociale Bethätigung erhalten; ihr soll vor allem die Kenntnis der natürlichsten grundlegenden Lebensbedingungen und Lebensvorgänge nicht vorenthalten werden. Denn auch hier ist der menschliche Geist das Gebiet, auf dem die Schlacht geschlagen und der Sieg errungen werden soll. Wenn erst die Menschen von metaphysischen Einflüssen befreit, in freier Auffassung ihres Daseins erkannt haben werden, welche Lebensformen dauernd ihren natürlichen Ansprüchen gerecht werden, dann wird es auch keines Wegweisers, keines in Erz gegrabenen Gesetzes bedürfen; Mann und Frau werden sich auf Grund freien beiderseitigen Übereinkommens mit einander verbinden, nicht um sich eins dem andern zum Opfer zu bringen, nicht um gänzlich in dem Familienleben aufzugehen, das doch nur eine Seite der vielgestalteten menschlichen Existenz darstellt. Indem nun auch auf diesem Gebiete die Beziehungen der Menschen zu einander auf Grund der Entfaltung der persönlichen Eigenschaften unter dem Einflusse der gesellschaftlichen Erziehung sich gestalten, wird dadurch einmal der allgemeinen Harmonie im menschlichen Leben Vorschub geleistet werden; es wird dadurch im besondern aber auch der Existenz des einzelnen Individuums eine neue Basis verliehen werden, indem er nunmehr nicht mehr als das Produkt einer durch zufällige äufsere Umstände hergestellten Verbindung erscheinen wird, sondern seine Entstehung der natürlichen Affinität homogener Kräfte zu danken haben wird. —

Wenn wir hierin einen Gegensatz zwischen Herzen und Proudhon feststellen konnten, — zwei Männern, die in bezug auf ihre vorwiegende Denkweise durchaus als Gesinnungsgenossen erscheinen —, so wird es zur Vervollständigung der Darstellung des Herzenschen Ideenganges nach einer anderen Richtung hin von Interesse sein, seine teilweise Übereinstimmung mit einem ihm im übrigen durchaus nicht verwandten Geiste zu konstatieren, mit

John Stuart Mill [1]. Mill war als Ökonomist einer der bedeutendsten Vertreter der von Herzen so sehr verurteilten Smith'schen Schule; zudem war er eine in England offiziell anerkannte Autorität, ein Mann der bestehenden Ordnung, der, wenn er gewollt hätte, jederzeit einen Sitz in der Regierung hätte einnehmen können. Dennoch begegnete er sich mit Herzen [2] in der Proclamierung der Freiheit, die er gegenüber der bestehenden Gesellschaft, den Sitten, der tötenden Macht der Gleichgiltigkeit, gegenüber der kleinlichen Unduldsamkeit der Zeitgenossen verteidigt. Denn auch er konstatiert einen Verfall, ein Verwischen der Persönlichkeit, ein Überhandnehmen der schablonisierten Mittelmäfsigkeit. Die „conglomerated mediocrity" Mills ist eben nichts anderes als die „Meschtschanstwo" Herzens [3], es ist dasselbe Bild der gegenwärtigen Gesellschaftsordnung, das sich den Blicken beider, wenn auch in etwas verschiedener Beleuchtung, darstellt. Der wesentliche Unterschied liegt nur in den Konsequenzen, die beide infolge der gewonnenen Eindrücke ziehen; denn während der konservative Vertreter der alten Schule die verkommene Gesellschaft auf die Vergangenheit zurückweist, sieht der radikale Socialist im Bruch mit der Vergangenheit das einzige Heil. Mill sieht es kommen [4] dafs die weitere Befestigung der Herrschaft des Mittelstandes [5] auf die Dauer im Menschen die Fähigkeit ertöten mufs, sich des Rechtes und der Freiheit überhaupt noch zu bedienen [6]; er führt darum den englischen Krämern die Gestalten aus der Zeit Cromwells und des Puritanismus zur Nacheiferung vor Augen. Herzen hingegen erkennt, dafs in der Vergangenheit nur infolge der begeisternden Macht grofser Ideen die Menschen zu einer gewissen Heldenhaftigkeit hingerissen werden konnten;

---

[1] Vgl. Conrads Handwörterbuch der Staatswissenschaften, Bd. 4, S. 1182, Art. Mill von Stamhammer.

[2] On liberty. Ges. W. Bd. 9, S. 242 ff.

[3] Ende und Anfang. Ges. W. Bd. 10 S. 207.

[4] Ebenda S. 254.

[5] Vgl. Arabesken aus dem Westen. Ges. W. Bd. 8, S. 364 ff.

[6] Vgl. Ende und Anfang. Ges. W. Bd. 10, S. 217, 268.

die moderne Menschheit in ihrer gegenwärtigen Verfassung besitzt aber nicht mehr diese Begeisterungsfähigkeit, und die einzige Idee[1], — die Idee des Socialismus — die die Völker zu retten und die neuen Geschicke Europas in heilsamer Weise anzubahnen vermag, widerspricht den Interessen der herrschenden Klassen. Daher kann und mufs sich die Zukunftsreform nur unter der Voraussetzung der Vernichtung der alten gesellschaftlichen Daseinsformen vollziehen[2]. —

[1] On liberty. Ges. W. Bd. 9, S. 254.

[2] Vgl. Vom anderen Ufer. Nach dem Gewitter. Ges. W. Bd. 5, S. 49 ff.

Herzens praktische Reformvorschläge.

Jedem Reformator liegt die Pflicht ob, nicht nur die theoretische Möglichkeit seiner neuen Ideen nachzuweisen, sondern auch die Form zu zeigen, innerhalb derer sich diese Ideen praktisch zu verwirklichen vermögen. Denn nur dann können diese Ideen der menschlichen Gesellschaft zu dauerndem Nutzen gereichen, wenn sie mit den zu erstrebenden Zielen auch die Wege weisen, auf denen vom Ausgangspunkte der bestehenden Verhältnisse aus jene Ziele zu erreichen sind. So mufste denn auch Herzen der Frage gewärtig sein, von woher er denn den Anstofs zu der von ihm prognostizierten Neuordnung der Gesellschafts-Ordnung erwarte, und wo denn die Bausteine zur Errichtung des neuen Gebäudes auf den Trümmern des alten zu finden seien. Und seine Antwort lautet: Von Rufsland her wird den Völkern der civilisierten Welt das Heil gebracht werden.

Die Rolle[1] des jetzigen Europa ist ausgespielt, die Zersetzung macht immer gröfsere Fortschritte, nicht die Völker, sondern die Staaten und die Institutionen werden zu Grunde gehen, Europa mufs in neue Daseinsformen treten, ebenso wie die Welt des alten Rom, nachdem sie ihre Selbständigkeit verloren und sich überlebt hatte, in Trümmer gehen mufste, um dem Christentum die Bahn frei zu machen[2]. Wenn nun

---

[1] Die alte Welt und Rufsland. Briefe an den Redakteur der The English Republic, W. Linton. 1854. Ges. W. Bd. 5, S. 253 ff.

[2] Vgl. Vom anderen Ufer. Donoso Cortes. Ges. W. Bd. 5, S. 165 ff. — Das russische Volk und der Socialismus. Ges. W. Bd. 5, S. 176 ff. — Ende und Anfang. Ges. W. Bd. 10, S. 278 ff.

der Socialismus die menschlich-irdische Religion, die Befreiung der Gesellschaft von jeglicher Beherrschung, die Wiedereinsetzung des Menschen in seine natürliche Würde mit sich bringen wird, dann wird an die germanisch-romanische Welt gleichfalls die Reihe kommen, einem neuen Element das Feld zu räumen[1]. Denn diese Welt hat eine Entwicklung durchgemacht, die sie nicht mehr verleugnen kann; sie hängt mit allen Fasern an jenen Gebilden, die eben die letzte Ursache ihres Marasmus geworden sind, darum mufs sie mit ihnen stehen und fallen: und durch die letzte Ausgestaltung der alten Welt mit ihrer Herrschaft der Bourgeoisie ist auch das einzige nichtkonservative Element in ihr — der Arbeiterstand — in einen Zustand von Unfreiheit und Unterdrückung versetzt worden, der ihn unfähig gemacht hat, Träger der grofsen Emancipations-Idee zu sein[2].

Wohl hat sich in Nordamerika eine neue Welt aufgethan[3], — die aber doch bei näherer Betrachtung nur als die Fortsetzung europäischer Entwicklung erscheint; jeder selbständigen Initiative, jedes neuen Lebensprincips entbehrend, kann dieses Land wohl geeignet sein, den vor der Reaktion flüchtenden Europäern freiheitliches Asyl zu gewähren, vermag jedoch nie zur Erfüllung einer socialen Mission seine reichen Gefilde zu verlassen, um jenseits des Atlantischen Oceans das alte Gebäude zu stützen.

Im Osten aber steht dem veralteten Europa in frischer Jugendlichkeit[4] und noch halbwilder natürlicher Vollkraft die slavische Welt gegenüber[5]; an den Geschicken Europas teilnehmend, ist sie doch frei von seiner Vergangenheit, frei von seinen geschichtlichen Traditionen. Sie kennt weder römisches

---

[1] Gedachtes und Erlebtes. Ges. W. Bd. 7, S. 289.

[2] Die alte Welt und Rufsland. Ges. W. Bd. 5, S. 255.

[3] Ebenda S. 256, 260. — Noch eine Varation auf ein altes Thema. Ges. W. Bd. 10, S. 287 ff. — Briefe aus Frankreich und Italien. Ges. W. Bd. 4, S. 377 ff. — Vgl. Das getaufte Christentum. Ges. W. Bd. 5, S. 239.

[4] Das russische Volk und der Socialismus. Ges. W. Bd. 5, S. 189.

[5] Die alte Welt und Rufsland. Ges. W. Bd. 5, S. 274 ff.

Recht, noch Feudalismus, weder Städtewesen, noch Bourgeoisie, weder konsequent ausgebildetes Privateigentum, noch Kapitalismus; es giebt hier nur eine Grundlage des Volkslebens, die, gleichsam den Genius des Slaventums darstellend, dieser Welt ihren eigentlichen Charakter verliehen hat — die Landgemeinde[1], mit der Umteilung der Felder, mit gemeinschaftlichem Grundbesitz, mit wählbarer Verwaltung, mit gleichem Rechtsanspruch jedes Mitgliedes.

In der russischen Gemeindeverfassung erblickt Herzen den Schlüssel zur Lösung der socialen Frage, das rettende Princip, das der Neugestaltung der Gesellschaft zu Grunde liegen wird, und ihr die Befriedigung und den Wohlstand aller gewährleisten wird. Gegenwärtig freilich ist sie durch die gewaltsamen Eingriffe störender Mächte vielfach entstellt, mifsleitet und unterdrückt; aber sie hat die Lebenskeime in sich bewahrt, die nach Beseitigung jener hemmenden Schranken zu voller segensreicher Entfaltung gelangen werden. Russland allein hat sich die Landgemeinden zu bewahren vermocht, als Träger dieses Princips wird ihm die Begründung der neuen Welt, die geistige Souveränität in der Zukunft zufallen[2]; die sociale Frage ist daher auch zugleich die russische Frage[3].

Die einseitige Ausbildung der beiden gesellschaftlichen Grundprincipien, der Individualität und der Sociabilität, haben in Europa auf beiden Seiten zum Extrem geführt[4]: dem selbstherrlich auf seine Rechte trotzenden Engländer, dessen

---

[1] Die alte Welt und Rufsland. Ges. W. Bd. 5, S. 257 ff. — Ebenda S. 277 ff. — Noch eine Variation auf ein altes Thema. Ges. W. Bd. 10, S. 290 ff. — Das russische Volk und der Socialismus. Ges. W. Bd. 5, S. 190 ff. — Das getaufte Eigentum. Ges. W. Bd. 5, S. 222 ff. — Ende und Anfang. Ges. W. Bd. 10, S. 278 ff. — Pater Petcherine. Ges. W. Bd. 9, S. 265 ff. — Vom anderen Ufer. Einleitung. Ges. W. Bd. 5, S. 14. — Rufslands sociale Zustände. (Deutsch, Hamburg 1854.) S. 238 ff. — N. Ogareff, Essai sur la situation russe. Londres 1862. S. 12—51.

[2] Vgl. Jul. Eckardt, Russische und baltische Kulturstudien aus zwei Jahrhunderten. Leipzig 1869. S. 483 ff.

[3] Die alte Welt und Rufsland. Ges. W. Bd. 5, S. 266.

[4] Das getaufte Eigentum. Ges. W. Bd. 5, S. 241, 242.

Freiheit auf der Ausnutzung der Schwächeren beruht, steht der russische Bauer gegenüber, der mit Verlust seiner Persönlichkeit in der Gemeinde aufgeht, der rechtlos der Leibeigenschaft preisgegeben ward, um von seinem Herrn als dienendes Werkzeug benutzt zu werden. Unter Bewahrung des Gemeindeprincips auch die Persönlichkeit des einzelnen Gliedes freiheitlich zu entwickeln[1], ist daher die Aufgabe, darin besteht der ganze Socialismus; denn in seinem Wesen liegt es eben, daſs er das Wohl der Gesamtheit nicht auf Kosten des persönlichen Glückes, sondern auf dessen Grundlage sichern will[2].

Da hierin der Kern der Herzenschen Ideen liegt, wird auf das Wesen der Landgemeinde, wie er sie auffaſste, und auf ihren seiner Ansicht nach notwendigen Zukunftsausbau näher einzugehen sein.

Herzen sah in der russischen Landgemeinde die seit undenklichen Zeiten existierende, bei allen slavischen Stämmen in analoger Form wiederkehrende sociale Monade des Staates[3]; sie ist gleichsam eine moralische Person, denn sie ist Inhaberin des Landes, als solche steuerpflichtig, auch ist sie für ihre Glieder verantworlich, und demnach autonom in allen inneren Angelegenheiten. Keine einzelne Person in der Gemeinde hat Privateigentum an Grund und Boden, hingegen aber hat jeder den unveräuſserlichen Anspruch auf die Nutznieſsung eines Stücks des Gemeindelandes. Innerhalb der Gemeinde repräsentiert jedes verheiratete Paar (tiàglo) die ökonomische Einheit[4], mit der Nutznieſsung eines Landstückes; das gesamte Gemeindeland ist mithin in so viel Land-Lose eingeteilt, als die Gemeinde Ehepaare aufzuweisen hat. Von letzteren bilden in der Regel mehrere gemeinschaftlich eine Familie, die ihr Haus und ihren Garten für sich besitzt. Nach Maſsgabe der Veränderungen in dem Bestande

[1] Vgl. Conrads Handwörterbuch der Staatswissenschaften. Bd. 4, S. 1190. Art. Mir von J. v. Keuſsler.

[2] Vgl. Die alte Welt und Ruſsland. Ges. W. Bd. 5, S. 283.

[3] Ruſslands sociale Zustände. (Deutsch, Hamburg 1854.) S. 238 ff.

[4] N. Ogareff, Essai sur la situation russe. Londres 1862. S. 12 ff.

der Gemeinde findet nun in der Regel alle drei Jahre eine Neuvermessung und Umteilung der Landstücke statt, wobei das Los entscheidet; ein Zuwachs an Gemeindegliedern hat daher nicht den Verlust des Landstücks seitens einzelner, sondern nur eine Verkleinerung derselben für alle zur Folge. Der Rechtsanspruch jedes männlichen Gliedes auf ein Stück Gemeindeland tritt mit erreichter Volljährigkeit in Kraft; nach seinem Tode fällt das von ihm besessene Land an die Gemeinde zurück. Der Bauer verliert diesen Anspruch nur, wenn er auf seinen eigenen Antrag aus dem Gemeindeverbande entlassen wird, oder wenn er aus Anlaſs grober Vergehen ausgestoſsen wird, wozu jedoch Einstimmigkeit aller Gemeindeglieder erforderlich ist, des weiteren auch im Falle einer seitens der Regierung dekretierten Verbannung.

Auſser dem zumeist nach dem System der Dreifelderwirtschaft bebauten Stück Ackerland erhält jedes Paar gleichen Anteil an der Nutzniefsung der im Besitze der Gemeinde befindlichen Wälder und Wiesen. Privateigentum des Bauern oder der bäuerlichen Familie ist sein Haus, sein Mobiliarvermögen, meist auch sein Garten.

Aus der gemeinschaftlichen Nutzniefsung des Landes folgt die Verpflichtung eines jeden zur Beteiligung an den öffentlichen Ausgaben; infolgedessen besteht innerhalb der Gemeinde ökonomische Solidarität. Die Gemeinde als solche zahlt die Abgaben und haftet für ihre Glieder; die Gutsherren sowohl als auch der Staat haben auf den zu ihren Gütern gehörigen bäuerlichen Gemeinden in den meisten Fällen diese Solidarität in ihrem eigenen Interesse anerkannt, da sie darin die beste Garantie für das sichere Einlaufen der Zahlungen sehen. Es liegt darin aber auch ein wichtiges Band zwischen den einzelnen Gemeindegliedern, ein Sporn zu gegenseitiger Hülfe, zum Eintreten aller für den einzelnen, der jeweilig der Unterstützung bedarf; die gegenseitige Haftbarkeit bietet auch die beste Garantie für die Sicherheit des Kredits. Wenn erst die Bevormundung durch Gutsherren und Beamte in Wegfall käme, und man die Landgemeinde sich frei entwickeln lieſse, könnte sich aus den hierin ruhenden Keimen ein vollkommenes System gesellschaftlichen Kredits entwickeln.

Eine wesentliche Beeinträchtigung der ökonomischen Ordnung innerhalb der Gemeinde liegt in der Methode der Steuerrepartition seitens der Regierung, und zwar nicht nur der Personalkopfsteuer, sondern auch der Grund- und Bodensteuer, welch letztere in Wahrheit auch eine Personalsteuer ist, denn diese Repartition erfolgt nicht auf Grund der Anzahl der Ehepaare, der ökonomischen Einheit innerhalb der Gemeinde, sondern nach Mafsgabe der Seelenzahl, so dafs etwa eine Familie mit zwei Kindern doppelt so viel als ein kinderloses Ehepaar zu zahlen hat, ohne darum eine gröfsere Nutzniefsung an Land zu haben. Auch hier liegt eine teilweise Kompensation in der Solidarhaft der Gemeinde, die aus freien Stücken mitunter für den einzelnen Benachteiligten eintritt, ohne jedoch dazu verpflichtet zu sein.

Die notwendige Vorbedingung für ein normales Gedeihen der Landgemeinden wäre ein unbeschränktes Selfgovernment; die Ansätze dazu sind in der That vorhanden, haben sich jedoch unter dem Druck der bureaukratischen Bevormundung nicht entwickeln können.

Die natürliche und erstrebenswerte Art und Weise der Gemeindeverwaltung [1] wäre folgende:

Der Älteste (Starosta), Träger der exekutiven Gewalt, ist wählbar durch den Mir, d. h. durch die Versammlung der steuerfähigen und stimmfähigen Gemeindeglieder auf ein oder drei Jahre; er ist primus inter pares, Repräsentant der Gemeinde, Vollstrecker ihres Willens; wenn sie unzufrieden mit ihm ist, setzt sie ihn ab und richtet ihn im Falle eines Amtsvergehens. Dem Ältesten zur Seite stehen gewählte Beisitzer und Steuereinnehmer. Der Rechenschaftsbericht der Beamten wird von der Gemeinde verifiziert; sie votiert auch ihr Budget. Die Gemeinde hat ferner die Repartition

[1] N. Ogareff, Essai sur la situation russe. Londres 1862. S. 29 ff. — A. Herzen, Rufslands sociale Zustände. (Deutsch, Hamburg 1854.) S. 240 ff. — Das getaufte Eigentum. Ges. W. Bd. 5, S. 242.

der Land-Lose, der Abgaben und der Rekrutenstellung zu bestimmen. Im Falle von Streitigkeiten oder Prozessen innerhalb der Familien wird das Urteil durch Schiedsgericht oder durch allgemeine Abstimmung gefällt; das Verfahren ist ein mündliches und öffentliches.

Mehrere Gemeinden vereinigen sich zu einem Kanton (Volost); die Gemeindeversammlungen treten zur Kantonalversammlung zusammen, um die Wahl und Absetzung des Kantonalvorstehers vorzunehmen, das Kantonalbudget zu votieren, und damit zugleich die Abgabenrepartition für die Kantonalausgaben zu bestimmen, ferner um in interkommunalen Angelegenheiten Recht zu sprechen. Das Kanton ist daher die förderative Verwaltung mehrerer Gemeinden, es hat weder Besitz noch ökonomische Solidarität.

Obgleich diese Organisation seitens der Regierung im wesentlichen anerkannt worden ist, sind doch durch die Praxis folgende die normale Entwicklung durchaus hemmende Einschränkungen eingetreten:

Die Wahlen der Gemeinde- und Kantonvorsteher bedürfen der Bestätigung seitens der vorgesetzten Regierungsorgane, die auch befugt sind, die Ältesten vor der Zeit abzusetzen, oder sie über den Termin hinaus ohne Zustimmung der Gemeinde im Amte zu lassen; auch finden die Versammlungen der Gemeinden nicht nach freiem Ermessen, sondern auf Berufung der betreffenden Beamten statt. Die Folge davon ist, dafs die Gemeinde- und Kommunalältesten thatsächlich meist zu Adjutanten der Regierungsbeamten geworden sind, mit denen sie sich nur gut zu stellen brauchen, um dann nachher innerhalb der Gemeinde willkürlich schalten und walten zu können. Dafs auch die Kriminalgerichtsbarkeit nicht den Gemeinden, sondern der Polizei und den ordentlichen Gerichten zusteht, bedarf keiner Erwähnung; mit dem bürgerlichen Gesetzbuch kommt der Bauer nur in seinen Beziehungen mit den höheren Gesellschaftschichten in Berührung, in allen Sachen der Bauern untereinander aber herrscht nur Gewohnheitsrecht.

Dieses der Zustand der Bauern auf den Kronsgütern;

noch schlimmer ist ihre Lage auf herrschaftlichen Landgütern, weil durch die willkürlichen Eingriffe der Grundherren die natürliche Ordnung der Gemeinden noch mehr verstümmelt wird, als durch die Staatsbeamten. Administration, Justiz und Polizei, Festsetzungen von Abgaben und Leistungen sind der Anmaſsung der Grundherren preisgegeben, die an den Regierungsorganen einen Rückhalt finden.

Doch sobald die Zügel lockerer gelassen werden, treten die ursprünglichen kommunalen Institutionen wieder in ihr Recht; was aber den Grund und Boden anbetrifft, so ist er nie aus der Nutznieſsung durch die Gemeinden herausgekommen; beständige und unverletzliche Nutznieſsung aber ist Besitz[1]. Durch das Emanzipationsgesetz von 1861 ist die Möglichkeit geschaffen, daſs die Gemeinden mit der Zeit in den faktischen Besitz ihres Landes treten; das geschieht jedoch erst nach jahrelangen Amortisationszahlungen an die Grundherren, resp. den Staat, die das moralische Besitzrecht der Bauern mithin nicht anerkannt haben. In dem Falle, daſs eine Gruppe von Bauern sich von ihrer Gemeinde loslösen will, um sich in einer minder bevölkerten Gegend anzusiedeln, bildet sie dort eo ipso eine neue Gemeinde unter denselben Bedingungen; es ist das ein Beweis mehr für die Lebensfähigkeit und Unausrottbarkeit des Gemeindeprincips.

Was die Art und Weise der Abstimmungen innerhalb der Gemeinden betrifft, so ist hervorzuheben, daſs hier die einzig volkstümliche Form des Votums die Einstimmigkeit ist, obgleich die Regierung, soweit es von ihr abhängt, um der gröſseren Bequemlichkeit willen das Majoritätsprincip zur Geltung bringen will. Der natürliche kommunale Sinn des Bauern strebt aber danach, durch Ausgleichung der Meinungen und Zugeständnisse eine Einstimmigkeit zu erzielen; und man wird sicherlich der materiellen Wahrheit näher kommen, wenn man gleichsam zwischen den Meinungen

[1] N. Ogareff, Essai sur la situation russe. Londres 1862. S. 10, 33, 45.

der Mehrheit und der Minderheit die Diagonale zieht, als wenn man die einfach numerische Überzahl entscheiden läfst. Sowohl in den Gemeinde- als auch in den Kantonalversammlungen werden daher nur Beschlüsse mit Einstimmigkeit gefafst.

Es ist sehr bemerkenswert, dafs innerhalb der russischen Landgemeinden die Frauen eine hervorragende Rolle spielen. Da in vielen Ortschaften die Männer zum grofsen Teil zur Arbeit in die Ferne ziehen, so treten die Frauen in den Gemeindeversammlungen für sie ein, entscheiden über die Umteilung des Landes und über die Gemeindeabgaben und können auch alle Wahlposten, aufser dem des Ältesten, bekleiden. Die Thätigkeit im Dienste der Gemeinde bildet und entwickelt den Charakter und die Leistungsfähigkeit jedes einzelnen und erzieht somit auch die Frauen zu Selbständigkeit und Selbstbewufstsein.

Über die Gemeinde hinaus giebt es logischerweise kein Bedürfnis nach einer weiteren staatlichen Organisation[1] aufser der Vereinigung dieser Gemeinden in gröfsere Gruppen, und der Vereinigung dieser Gruppen in gemeinsamem Interesse; auf diese Weise wäre die res publica hergestellt. Die Verwaltung seitens einer centralisierenden Regierungsgewalt mit ausgedehntem bureaukratischen Apparat kann daher dem Volksempfinden nur widerstreben und hat keinerlei vernunftgemäfse Existenzberechtigung. Das kommunale Selfgovernment in normaler freiheitlicher Entwicklung sich selbst überlassen, würde nicht ermangeln, infolge des dem Volke innewohnenden förderativen Sinnes die den Bedürfnissen entsprechenden Formen des Zusammentretens in gröfsere einheitliche Verbände zu finden. —

Es wird vielfach gesagt[2], dafs die Gemeinde die Persönlichkeit absorbiert, dafs sie mit Entwicklung der letzteren unverträglich sei, und eine gewisse Wahrheit liegt in dieser Meinung. Aber jeder unentwickelte Kommunismus unter-

---

[1] Das getaufte Eigentum. Ges. W. Bd. 5, S. 243.

[2] Ebenda S. 238.

drückt die einzelne Person, und man mufs nicht vergessen, dafs das Gemeindeprincip in Rufsland sich einmal noch in einem frühen Entfaltungsstadium befindet, andrerseits aber von aufsen her vielfach behindert worden ist. Dennoch hat der Gemeinsinn der Bauern Mittel und Wege gefunden, wenigstens teilweise den einzelnen Persönlichkeiten gerecht zu werden. Im Kosakentum eröffnete sich ein weites Feld der Thätigkeit allen denjenigen, die ein bewegtes, gefahrvolleres, unabhängigeres Leben der gesicherten Existenz daheim vorzogen; die jugendlich verwegenen, ungestümen Leidenschaften, die gleichzeitig mit seiner Gutherzigkeit und Friedfertigkeit den Slaven charakterisieren, fanden darin ihr Genüge. Die in kriegerischen Genossenschaften organisierten Kosaken hielten die Wacht an den Grenzen des Vaterlandes, das sie mit Blut und Leben verteidigten; auch sie verleugneten den Gemeinde-Instinkt nicht, aber sie zogen es vor, ein Räuberleben zu führen, als sich in Abhängigkeit von einer Regierungsgewalt zu befinden. Mit ihrem kriegerischen Sinn trugen sie, gleich den Normannen, ein gewisses politisch-organisatorisches Gefühl in die eroberten Länder mit hinüber; es waren Kosaken, die die russische Herrschaft über ganz Sibirien hin bis an den Stillen Ozean ausdehnten.

Des weiteren finden auch diejenigen, die mehr Neigung für ein Handwerk haben, oder eine sonstige Beschäftigung aufserhalb ihres Dorfes zu verrichten wünschen, Möglichkeit und Handhabe hierzu in dem Institut der Artelj[1]: es ist das eine freie Vereinigung von Berufsgenossen, die mitsamt ausziehen, um gemeinschaftlichen Verdienst zu suchen; sie übernehmen entweder gröfsere landwirtschaftliche Arbeiten: Bauten, Gräbenschneiden, Entwässerungen u. s. w. oder sie gehen in die Städte, um dort entweder gemeinsam Fabrik- oder sonstige Arbeit zu verrichten, oder ihre speciellen Fähigkeiten im Handwerk oder technischen Fertigkeiten auszu-

[1] Vgl. Conrads Jahrbücher für Nationalökonomie und Statistik. Neue Folge. Bd. 6, S. 193—230: Die Artelle in Rufsland von W. Stieda. — Conrads Handwörterbuch der Staatswissenschaften. Bd. I, S. 932. Artikel Artell von W. Stieda.

nützen; nicht selten lassen sich solche Leute auch als Handeltreibende in den Städten nieder. Freilich war diese freie Cirkulation lange dadurch sehr gehemmt, daſs die Gutsherrn — bis zur Aufhebung der Leibeigenschaft — den Bauern das Verlassen ihres Dorfes nur gegen einen Paſs gestatteten, für den eine gewisse Geldsumme, „der Obrok", zu zahlen war. Dabei pflegten dieselben diesen Obrok meist um so höher festzusetzen, je tüchtiger der betreffende Arbeiter war, und je mehr Gewinn derselbe infolgedessen durch seine Thätigkeit zn erwarten hatte; es ist das „der umgekehrte Saint-Simonismus" [1]: je gröſser die Fähigkeiten eines Menschen sind, desto mehr Steuer wird von ihm verlangt, während es ein Hauptgrundsatz jener Schule ist [2], daſs der gröſseren Fähigkeit auch gröſserer Lohn zu teil werde.

Die Artelj ist der beste Beweis der natürlichen unbewuſsten Übereinstimmung des Slaventums mit dem Socialismus [3]; sie hat nichts gemein mit den deutschen Zünften, sie strebt nicht nach Monopolen [4], nach ausschlieſslichen Rechten, sie verbindet sich nicht um anderen Konkurrenz zu machen, sie konstituiert sich nur sich selbst zum Nutzen, niemandem zum Schaden. Es ist auch hinreichender Grund für die Annahme vorhanden [5], daſs bei völliger Freiheit der Bewegung die Gemeinden analoge landwirtschaftliche Arteljs in gröſserem Maſstabe bilden würden behufs gemeinschaftlieher Exploitation der groſsen noch vorhandenen unbebauten Flächen, wozu sich die Gemeinden leichter die nötigen Ma-

---

[1] Das getaufte Eigentum. Ges. W. Bd. 5, S. 243.

[2] Vgl. L. Stein, Geschichte der socialen Bewegung in Frankreich. Leipzig 1854. Bd. 2, S. 483.

[3] Das getaufte Eigentum. Ges. W. Bd. 5, S. 238.

[4] Es ist zu bemerken, daſs einzelne Gruppen von Arteljs, so die sog. Börsen-Arteljs, thatsächlich wohl derartig gesetzlich bestätigte Privilegien besitzen, deren Verallgemeinerung von den wissenschaftlichen Erforschern derselben im Gegensatze zu Herzen gerade verlangt wird. Vgl. Conrads Jahrbücher für Nationalökonomie und Statistik. Neue Folge. Bd. 6, S. 220 ff. Die Artelle in Ruſsland von W. Stieda. — Desgl. Art. Artel in Conrads Handwörterbuch.

[5] N. Ogareff, Essai sur la situation russe. Londres 1862. S. 17.

schinen und Geräte anschaffen könnten als einzelne. Dafs dieses bisher noch nicht hat vor sich gehen können, liegt lediglich an der durch die Bevormundung der Obergewalt und durch die Mangelhaftigkeit der Kommunikationsmittel und den niedrigen Stand der Technik in Russland bedingten Erschwerung jedes wirtschaftlichen Fortschritts; sind aber diese Hemmnisse erst beseitigt, so werden die Gemeinden sich ungleich leichter alle technischen Hilfsmittel behufs rationellerer Kultur nutzbar machen können, dank ihrer überlegenen Kreditfähigkeit, als das jedem einzelnen Parzellenbesitzer möglich wäre. Der unthätige und untüchtigere Bauer wird auf diese Weise gezwungen, sich an dem allgemeinen Fortschritt zu beteiligen, denn es liegt in dem Interesse eines jeden, dafs auch die anderen ihr Land gut bewirtschaften, im Hinblick darauf, dafs ihm selbst demnächst das Landstück des Nachbars zufallen kann.

Auch in ethischer Beziehung hat das Gemeindewesen einen günstigen Einflufs auf den russischen Bauern ausgeübt [1], jedem von aufsen her kommenden Einflusse gegenüber verhält er sich freilich mifstrauisch, die jahrhundertelangen Vergewaltigungen geben ihm Grund genug dazu; daher haben sich in den Beziehungen der Bauern zu Gutsherren und Beamten auch nur die schlechten Seiten ihres Charakters ausbilden können. Dagegen herrscht unter den Bauern untereinander das vollkommenste Vertrauen, die gröfste Ehrlichkeit; obgleich sie keine Kontrakte und schriftlichen Bedingungen kennen, kommen Betrügereien [2] doch nur äufserst selten vor; und die komplizirte Procedur der Landumteilung läuft fast immer ohne jeden Streit ab, kleine Meinungsverschiedenheiten jedoch werden durch den Ältesten ausgeglichen, dessen Urteilsspruch unweigerlich von Allen anerkannt wird. In gleicher Weise vollziehen sich die Dinge auch in den Arteljs, die oft aus einigen Hunderten von Arbeitern bestehen, die für eine bestimmte Zeit, etwa für 1 Jahr, zusammen-

[1] Das russische Volk und der Socialismus. Ges. W. Bd. 5, S. 192 ff.
[2] N. Ogareff, Essai sur la situation russe. Londres 1862. S. 15.

treten; nach Ablauf der Frist teilen die Glieder der Artelj auf Grund allgemeiner Zustimmung den Verdienst unter sich nach Mafsgabe der von jedem einzelnen verrichteten Arbeit[1]; in den meisten Fällen haftet die Artelj auch für jedes ihrer Glieder[2]. Das Gemeindeleben hat ein unzerstörbares Gefühl der Zusammengehörigkeit in den russischen Bauern grofsgezogen; ein jeder tritt, soviel er kann, für den anderen ein, hilft ihm, besonders wenn es gilt polizeilichen Nachforschungen zu entgehen und läfst keinen seiner Genossen gleichgiltig zu Grunde gehen. Dieser primitive ländliche Communismus ist die einzige Quelle der Volksmoral, die sich instinktiv ausgebildet hat, und tief in den Herzen der Menschen Wurzel geschlagen hat; das wenige, was ihnen aus dem Evangelium bekannt ist, unterstützt ihr natürlich sittliches Gefühl, das keiner anderen verkündeten Wahrheiten bedarf. —

Es wäre unberechtigt, darin ein Verdienst des russischen Volkes sehen zu wollen[3], dafs es sein Gemeinde-Princip gerettet hat, während die germanischen Völker es verloren; es ist das vielmehr eine Gunst des Schicksals[4], die man nunmehr ausnutzen mufs, indem man sich nach langem Warten die Erfahrungen der westlichen Nachbarn zur Lehre dienen lassen mag. Es liefse sich einwenden[5], dafs auch eine Reihe asiatischer Völker, so die Hindus, etwas Ähnliches wie die russische Landgemeinde konserviert haben; dort aber sind alle vorhandenen socialen Elemente durch den exklusiven Nationalismus, durch das halsstarrige Festhalten an der Vergangenheit lahmgelegt[6]. Dagegen besitzen die slavischen Völker eine grofse Eindrucksfähigkeit, sie eignen sich leicht Sprache,

---

[1] Widersprechend dem Geiste der Artelj ist der thatsächlich bestehende Usus, dafs die Artelj von sich aus mitunter Lohnarbeiter engagieren, also gleichsam als Kapitalisten auftreten. Vgl. Conrads Jahrbücher. Neue Folge. Bd. 6, S. 207 ff. Die Artelle in Rufsland von W. Stieda.

[2] Das russische Volk und der Socialismus. Ges. W. Bd. 5, S. 193.

[3] Das getaufte Eigentum. Ges. W. Bd. 5, S. 240.

[4] Das russische Volk und der Socialismus. Ges. W. Bd. 5, S. 198.

[5] Die alte Welt und Rufsland. Ges. W. Bd. 5, S. 280. — Rufslands sociale Zustände. S. 35.

[6] Gedachtes und Erlebtes. Ges. W. Bd. 7, S. 287.

Gebräuche und Künste anderer Völker an, um daraus für sich Vorteil zu ziehen. Die westeuropäische Welt verlor ihre Gemeindeverfassung, Ackerbauer und Besitzlose wurden einer Minderheit zum Opfer gebracht, innerhalb deren manch schöne Blüte gezeitigt wurde: das Rittertum mit seiner hohen Auffassung der persönlichen Unabhängigkeit, das Städtewesen mit seiner unbeugsamen Rechts-Idee, Kunst und Wissenschaft, Litteratur und Industrie, endlich Reformation und Revolution, die feierlich und schauerlich das Alte einstürzen liefsen. Von alledem hat Rufsland nichts gehabt; nunmehr tritt es in seiner unbewufsten Jugendlichkeit auf den Schauplatz und tritt mit Westeuropa gerade in dem Augenblick in Berührung, in dem die Zukunfts-Wahrheit des Socialismus sich soeben zu verbreiten begonnen hat [1]. Es gilt den Moment wahrzunehmen, das durch das Slaventum durch alle Stürme der Vergangenheit hindurch gerettete Gemeindeprincip dem Socialismus nutzbar zu machen [2].

Selbstverständlich [3] werden wir weder im dörflichen Kommunismus in seiner gegenwärtigen Form, noch in den Kosaken-Republiken volle Befriedigung für unsere Bestrebungen finden können; alles das ist noch zu wild, zu jung, zu unentwickelt, aber gerade darum müssen diese unreifen Anfänge weiter entwickelt, ausgebildet, gefördert werden. Bisher hatte sich die freie Persönlichkeit des einzelnen zu wenig innerhalb der Gesamtheit entwickeln können; infolge dieser Schwäche fiel das Volk inneren und äufseren Feinden anheim, und mufste in jahrhundertelanger Knechtschaft schmachten. Jetzt ist die Zeit der Emanzipation gekommen, die befreite Persönlichkeit wird dank der ihr innewohnenden Jugendkraft die Fesseln sprengen und die in ihr ruhenden Triebe zum Wohle der Gesamtheit entfalten.

Die Geschichte Westeuropas [4] wird ihre Resultate der

---

[1] Das russische Volk und der Socialismus. Ges. W. Bd. 5, S. 199.

[2] N. Ogareff, Essai sur la situation russe. Londres 1862. S. 149.

[3] Das getaufte Eigentum. Ges. W. Bd. 5, S. 240.

[4] Noch eine Variation auf ein altes Thema. Ges. W. Bd. 10, S. 283 ff. — Ende und Anfang. Ges. W. Bd. 10, S. 233. — Vom anderen Ufer. Einleitung. Ges. W. Bd. 5, S. 10.

neuen Weltordnung als unumgänglich notwendiges Erbteil hinterlassen; in ihren Ideen liegt nicht nur der Nachhall des gestrigen Tages, es ist vielmehr die Hinterlassenschaft Egyptens und Indiens, Roms und Griechenlands, des Katholicismus und des Protestantismus, der romanischen und der germanischen Völker, die das Slaventum sich aneignen mufs, soll es nicht in asiatischen Quietismus, in afrikanische Stumpfheit verfallen; nur unter Zuhilfenahme dieser Ideen wird Rufsland die Herrschaft antreten können, die ihm als Erbteil zugefallen ist[1]. Jene Ideen haben eben ihre Aufgabe erfüllt und ihren selbständigen Existenzgrund verloren; sie können jetzt nur noch als der Mörtel dienen, mit dem die Bausteine des neuen Gebäudes zusammengefügt werden sollen. —

Wenn die Landgemeinde als ein eigentümliches Specificum Rufslands hingestellt wurde, das diesem Princip die Befähigung zur Regeneration der alten Welt zu danken hat, so ist doch hervorzuheben, dafs dieses Princip vorzugsweise und in vollkommenerer Gestalt nur in dem eigentlichen Rufsland, in Grofs-Rufsland zum Ausdruck kommt[2]. In den westlichen Provinzen: Litauen, Wolhynien, Podolien dagegen war infolge des Druckes des zahlreichen niederen Adels polnischer Nationalität, der Schliachta, das Volk im Laufe der historischen Entwicklung in völlige Leibeigenschaft im weitesten Sinne verfallen, sodafs das Nutzungsrecht am Lande verloren gegangen war, das vielmehr für die Herren und deren Pächter von ihren Sklaven bearbeitet wurde; erst in der Zeit der völligen Unterwerfung des ursprünglich selbständigen polnisch-litauischen Reichs unter Rufsland begann der Adel die Notwendigkeit der Existenz eines selbständigeren Bauernstandes in seinem eigenen Interesse zu erkennen und ergriff von sich aus die Initiative zur Wiedergabe des Landes an die Bauern, sodafs sich nunmehr eine Rekonstruktion des Gemeindewesens vollzieht. Freilich macht sich hier, wie auch

---

[1] Gedachtes und Erlebtes. Ges. W. Bd. 7, S. 287 ff.

[2] N. Ogareff, Essai sur la situation russe. Londres 1862. S 37 ff.

in Klein-Rufsland (Ukraine) das Communal-Princip nur in Bezug auf die gemeinschaftliche Verwaltung und die Solidarhaft geltend. Die kleinrussische Gromada entspricht im übrigen dem grofsrussischen Mir; nur ist hier wie auch im Westen von alters her die Form des Privatbesitzes, bezw. des persönlichen und erblichen Nutzungsanspruches auf ein und dasselbe Stück Land eingebürgert. Trotz dieser durch kulturelle und physiologische Unterschiede der Rassen bedingten doppelten Erscheinungsform des Gemeindewesens — auf der einen Seite vollkommene Landgemeinschaft mit gemeinschaftlichem Besitz in Grofs-Rufsland, d. h. bei etwa 65 % der Bevölkerung, auf der andern Seite administrative und teilweise ökonomische Gemeinschaft in den Westprovinzen und in Klein-Rufsland, d. h. bei etwa 35 % der Bevölkerung — ist doch das gemeinschaftliche Band, das beide Formen verbindet, die im Volksinstincte tief eingewurzelte Idee des Rechtsanspruches eines jeden auf Land. Die grofsrussische Gemeindeverfassung schloss eo ipso die Möglichkeit ländlichen Proletariats aus; aber auch der weniger gleichmäfsig gerechte Modus des Privat-Besitzes resp. der persönlichen erblichen Nutzung desselben Landes liefs doch ein solches Proletariat in gröfserem Mafsstabe nicht aufkommen, denn soweit die Ansprüche der nachwachsenden Generation durch die Hinterlassenschaft der Eltern nicht befriedigt werden konnten und zu arge Zerstücklung des Landes drohte, fand sich doch in der Regel unkultiviertes Land genug, um damit neu entstandene Familien zu dotieren. Infolgedessen macht das ländliche Proletariat in den westrussischen und kleinrussischen Provinzen nur 1,6 % der gesamten ländlichen Bevölkerung aus[1]; und auch dieser Teil der Bevölkerung könnte in seinem Anspruch auf Land vollauf befriedigt werden, wenn der Gedanke der Staatsdomänen demjenigen des reinen Nationalbesitzes am Grund und Boden Platz machen würde, wodurch

[1] Die angegebenen Zahlen entsprechen den vor Promulgierung des Emanzipationsgesetzes vom 19. Februar 1861 gewonnenen Enquête-Resultaten.

ein unermeſslich weiter Spielraum gewonnen wäre, um auf lange hinaus der Bevölkerungs-Bewegung die Wagschale zu halten. —

Derselbe nationale Trieb des Slaventums, der sich seit Alters her in der Landgemeinde geltend machte, zeitigte, auch in der Communalverfassung der Städte seine Blüten. Vor der Zeit der moskauer Centralisation erschienen die Städte[1] in ihrer natürlichen Bedeutung als Resultat volkstümlicher Thätigkeit; die Hauptstadt einer Provinz stellte den Centralpunkt des ganzen Lebens einer Bevölkerung dar die sich zu autonomer Gemeinschaft vereinigt hatte, sie bildeten den notwendigen Centralmarktplatz der Bevölkerung, welcher in den kleineren Bezirken analoge Centralpunkte für die Lokalbedürfnisse entsprachen. Der fürstlichen Autorität gegenüber bewahrten die Städte zum Teil ausschlieſslich ihre Selbständigkeit und entwickelten sich unter den durch das Selfgovernment der vétche (Volksversammlung) gegebenen günstigen Bedingungen in normaler Weise, ja mitunter zu groſser Blüte, so vor allem Nowgorod und Pskow. Mit dem Beginn der Praeponderanz Moskaus, mit seiner bureaukratischen Centralisation sank immer mehr die Selbständigkeit der Städte, und damit auch ihr Wohlstand und ihre Bedeutung[2]; sie bildeten gleichsam die Vorposten des nationalen Lebens, gegen die sich daher auch die ersten Angriffe des tzarischen Absolutismus richteten; in dem Kampf gegen letzteren erlag die Gemeindefreiheit der Städte vollständig, die nunmehr zu Fuſspunkten der bureaukratisch organisierten Staatsgewalt wurden, und auch die nach ausländischem Muster künstlich geschaffenen kaufmännischen Gilden[3], die den Impuls zu regerer industrieller Thätigkeit in den Städten geben sollten, vermochten nicht Handel und Wohlstand des Landes vermehren zu helfen. Einerseits machten die unzähligen fesselnden Beschränkungen des freien Verkehrs, wie sie durch

---

[1] N. Ogareff, Essai sur la situation russe. Londres 1862. S. 59 ff.

[2] Ruſslands sociale Zustände. Hamburg 1854. S. 43 ff. — Die alte Welt und Ruſsland. Ges. W. Bd. 5, S. 258 ff.

[3] N. Ogareff, Essai sur la situation russe. S. 63 ff.

Gesetzgebung und Verwaltung geschaffen wurden, jeden commerziellen Aufschwung zur Unmöglichkeit; andrerseits war aber der Gedanke eines abgeschlossenen städtischen Kaufmannsstandes, wie er durch die Gilden geschaffen werden sollte, und der sich lediglich auf den Vermögenscensus und die Besteuerungsfähigkeit stützen sollte, zudem nur gewaltsam durch Monopole auf Kosten der ärmeren und der ländlichen Bevölkerung aufrecht erhalten werden konnte, dem nationalen Sinne durchaus unsympathisch; daher hat sich denn auch dieser in anderen Ländern zu so grofser Macht gelangte Stand in Rufsland so gut wie gar nicht entwickelt, und damit ist dieses Land vor der Ausbildung der Bourgeoisie, des tiers état, bewahrt geblieben. Man schätzt die Zahl der in die Gilden eingetragenen Kaufleute mitsamt ihren Familien auf etwa 0,6 % der Gesamtbevölkerung Rufslands; da aber auf die beiden ersten Gilden, enthaltend die zum aufserstädtischen Handel berechtigten reicheren Kaufleute, nur etwa 5 % der sämtlichen Gildenangehörigen entfallen, so macht die Anzahl dieser Grofskapitalisten nur gegen 0,03 % der Bevölkerung aus. Zieht man ferner in Betracht, dafs ein überwiegender Teil hiervon sich auf die beiden Städte Moskau und Petersburg konzentriert, so wird es einleuchtend, dafs im grofsen der städtische Kapitalistenstand im Lande absolut keine Rolle spielt, wie denn überhaupt der prinzipielle Gegensatz von Stadt und Land in Rufsland nicht existiert.

Der gesunde Sinn des Volkes hat sich nie mit künstlich geschaffenen, unbeweglichen Handelscentren, wie sie durch die Städte geboten werden sollten, befreundet; der eigentliche Handel, insofern er dem in der Bevölkerung vorhandenen Austauschbedürfnis zwischen Konsumenten und Produzenten nach allen Richtungen hin Rechnung trägt, findet fast ausschliefslich auf den Jahrmärkten[1] statt, die in erster Linie den Vorzug der Mobilität haben. Die einheimische Produktion versorgt durch Vermittlung der Märkte das Land und die Städte; desgleichen tritt der ausländische Import mit

[1] N. Ogareff, Essai sur la situation russe. S. 67 ff.

Ausnahme des geringfügigen direkten Absatzes von Luxusgegenständen in Petersburg und Moskau nur durch Vermittlung der Märkte zu den russischen Käufern in Beziehung. Alle Engrosgeschäfte werden von einem Markt zum anderen abgeschlossen; der Detailhandel bezieht seine Ware ebenda, um sie dann durch das ganze Land zu kolportieren. Dieser beständig bewegliche Handelsmodus, scheinbar ein Zeichen unentwickelter Kultur, bedingt dennoch im wesentlichen die Blüte des Volkswohlstandes; denn die Städte als unbewegliche Handelscentren ziehen die Bevölkerung an sich, erschöpfen das Land und schaffen künstliche Massenansammlungen: sie ziehen die Waren an und nehmen sie für die ausschliefslich städtische Konsumption in Anspruch. Die Messen dagegen bewirken Menschenansammlungen nur zu bestimmten Epochen und auf eine beschränkte Zeit; sie stellen gleichsam industrielle Meetings dar, deren Teilnehmer nach Erreichung ihres Zweckes — des Produkten-Austausches — und nach Befriedigung ihrer Bedürfnisse wiederum an ihren häuslichen Herd zu ihrer sonstigen Thätigkeit zurückkehren können. Der Markt verschlingt nicht die Produktion, sondern verteilt und leitet sie vielmehr über das ganze Land hin; er ist nur die Agentur der Industrie, das notwendige Mittelglied zwischen Produzent und Konsument, während der städtische Kaufmann ein verkehrsstörendes Element darstellt, indem er zur Wahrung seiner Interessen den Handel einseitig absorbiert. Das wesentlich socialistische Moment in den Messen liegt darin, dafs sie lediglich dem natürlich freien Bedürfnis entsprechend zum Nutzen der Gesamtheit vor sich gehen, ohne wie der städtische Grofshandel einzelnen Personen die Handhabe zu einseitiger Bereicherung auf Kosten der Massen zu geben, dafs sie sich in ihrer Mannigfaltigkeit und grofsen Anzahl, in ihrer Beweglichkeit und Ungebundenheit den jeweiligen lokalen Ansprüchen und den vorhandenen Einzelinteressen anbequemen, dem Produzenten die Möglichkeit bieten, seine Waren entsprechend in direktem Absatz zu verwerten, ohne durch die Notwendigkeit eines Vermögensnachweises oder durch die Gebundenheit an bestimmte Orte daran behindert zu sein, — dafs sie dem Konsumenten hingegen Gelegenheit geben, ohne die hindernde Dazwischenkunft eines dritten sich direkt aus der Quelle zu versorgen, wobei die freie Konkurrenz des Angebots eine den Bedürfnissen entsprechende Auswahl ermöglicht; indem das spekulativ-kaufmännische Element hier nicht zu dem ausschlaggebenden Einflusse gelangen kann, wie ihn sich der städtische Grofskapitalismus anmafst, ist einer Wechselwirkung und gegenseitigen Accomodation beider Gruppen die Bahn geebnet.

Freilich wird es auch hier wesentlicher fördernder Entwickelung bedürfen; und wenn auch bei Schaffung neuer socialer Grundlagen mit der Hebung des allgemeinen Volkswohlstandes Handel und Industrie aufblühen werden, so wird hier im besonderen durch Vervollkommnung der Technik, Schaffung erleichterter Kommunikations- und Absatzmöglichkeiten, vor allem aber durch Hebung des nationalen Kreditwesens[1] nachzuhelfen sein. Letzteres, als im Dienste der Gesamtheit stehend, muss eine Reorganisation erfahren, bei welcher an Stelle des Staatskredits und des Privatkredits der gesellschaftliche Kredit tritt, der die naturgemäfse Konsequenz eines Weiterausbaues der ökonomischen Solidarität der Gemeinden bildet. Der zur Förderung der Volkswohlfahrt und zur Begründung gemeinnütziger Unternehmungen notwendige Kredit findet seine naturgemäfse Deckung in dem Vermögen der grofsen Massen; denn die Summen, die jetzt durch Staatsabgaben und Lasten verschlungen werden, würden bei Befreiung der Volkswirtschaft von jenen Hemmnissen weitaus zur Begründung eines socialen Kredits hinreichen; die Ersparnisse der Nation, die bedeutend mehr produziert als konsumiert, müssen zur Organisation von Kommunalbanken und vereinigten gemeinschaftlichen Banken herangezogen werden, die in ihrer Gesamtheit eine Ausführung und Vereinigung der beiden Systeme der Darlehnsgenossenschaften (associations des emprunteurs) und gegenseitigen Versicherungsgesellschaften (sociétés d'assurance mutuelle)

---

[1] N. Ogareff, Essai sur la situation russe. S. 69 ff.

darstellen würden. Eine solche natürliche und alle Produktionskräfte des Landes gleichmäfsig umfassende Kreditbasis wird die Möglichkeit ausschliefsen, dafs einzelne Volksgruppen infolge des Besitzes angehäufter Grofskapitalien den Kredit des Landes von sich abhängig machen und ihn in einseitigem Interesse beeinflussen; denn sowohl der Handel als der Kredit sollen nicht zu Monopolen einer bevorzugten Minderheit werden, es sind vielmehr Institute, die dem Volk in seiner Gesamtheit dienen, und daher auch mit alleiniger Berücksichtigung der Interessen der Gesellschaft — insofern diese wiederum das Wohl jedes einzelnen ihrer Mitglieder im Auge hat — nur von ihr, bezw. von den kommunalen Verbänden nach Mafsgabe der zeitweiligen und lokalen Interessen auszugestalten sind. —

Es ist klar, dafs Herzen und seine Anhänger auch in Russland nicht die Erfüllung ihrer Wünsche sondern nur die Keime einer erstrebenswerten Zukunftsentwickelung finden konnten; freilich dachten sie sich diese Entwickelung als eine rein nationale, von der Gesellschaft getragene, und konnten sich daher mit den Reformbestrebungen der russischen Regierung nicht befreunden[1]. Das nächste Ziel derselben, die Aufhebung der bäuerlichen Leibeigenschaft, war freilich auch eine der Grundforderungen Herzens; ganz abgesehen davon aber, dafs er eine seitens der dem nationalen Leben fernstehenden, zentralisierenden absoluten Staatsgewalt unternommene Reform der Grundlagen der Gesellschaftsordnung überhaupt nicht für lebensfähig und zweckentsprechend hielt, ging er noch im besonderen viel weiter als die gouvernementalen Reformatoren, indem er nicht sowohl eine Emanzipation der Bauern aus ihrem Abhängigkeitsverhältnis mit Ermöglichung allmählichen Landerwerbs seitens der Gemeinden verlangte, sondern vielmehr eine sociale Reorganisation auf der Grundlage des gleichen Rechts aller auf Land forderte[2]. Die Gemeinde sollte, von jeglicher Abhängigkeit befreit, in

---

[1] N. Ogareff, Essai sur la situation russe. S. 92 ff.

[2] Die alte Welt und Rufsland. Ges. W. Bd. 5, S. 289 ff.

ihr von Alters her begründetes Besitzrecht wieder eingesetzt werden, das sich Staat und Grundherr widerrechtlich angemafst hatten. In der Freiheit ohne Anspruch auf Land aber sah Herzen eine ungeheure sociale Gefahr; denn das nach Millionen zählende ländliche Proletariat, das die erste Folge einer derartigen Reform war, musste, um Arbeit zu erhalten und seine Existenz zu fristen, sich willenlos und bedingungslos der besitzenden Klasse preisgeben[1], die einheitliche Landgemeinde musste rettungslos zu Grunde gehen: mit einem Worte, es würde ein Zustand geschaffen, wie wir ihn gegenwärtig in Irland immer mehr zu Tage treten sehen. Die Befreiung der Bauern ohne Land, ohne den Anspruch aller auf Grund und Boden war ein verhängnisvoller Kardinalfehler der westeuropäischen Kultur; die letzte Konsequenz der damit eingeschlagenen Richtung ist die Herrschaft der Bourgeoisie[2], der sich nunmehr kein Zweig des Volkslebens entziehen kann. Russland muss sich daraus die Lehre ziehen, um vor ähnlichen Erfahrungen, um vor allem vor dem Unheil eines überwiegenden Proletariats[3] bewahrt zu bleiben, denn der Bauer ist es, der hier die Zukunft für sich hat[4]; die geringe Zahl der gebildeten Russen, die die Resultate westeuropäischer Zivilisation in sich aufgenommen haben, hat nur die Aufgabe, die Vermittlung zwischen den revolutionären, socialistischen Elementen in Europa und dem russischen Volke herzustellen. Denn der Socialismus ist die einzige Form[5], in welcher die Idee der Revolution in Russland populär werden kann; und während man in Europa von ihm Unordnung und Schrecken erwartet, erscheint er hier als das Symbol der volkstümlichen Zukunftsentwicklung. —

Wir sahen, dafs Herzen seinen Glauben an die Zukunftsmission Russlands darauf stützte, dafs er in dem Volk dieses

---

[1] Das getaufte Eigentum. Ges. W. Bd. 5, S. 236 ff.
[2] Ende und Anfang. Ges. W. Bd. 10, S. 208.
[3] Das getaufte Eigentum. Ges. W. Bd. 5, S. 223 ff., 236 ff.
[4] Das russische Volk und der Socialismus. Ges. W. Bd. 5, S. 199.
[5] Die alte Welt und Rufsland. Ges. W. Bd. 5, S. 289.

Landes vorzugsweise den Träger eines socialen Prinzips sah, welches, die wesentlichen Keime der von ihm proklamierten Forderungen des Socialismus enthaltend, zu grundlegender Bedeutung bestimmt sei; er erblickte die Verkörperung dieses Princips vor allem in dem Institut der Landgemeinde, welches er als ein dem slavischen Genius absolut adäquates Lebenselement ansprach, dafs daher von altersher vom russischen Volke besessen, von ihm als sein heiligstes Gut verteidigt und nie aus Händen gelassen worden sei. Gegen diese Voraussetzung hat sich daher in erster Linie die Kritik der bezüglichen Ideen Herzens zu richten.

Allerdings steht die historische Forschung bei der Mangelhaftigkeit der überlieferten Quellen, bei der Unzulänglichkeit und Ungenauigkeit der statistischen Enquêten, bei dem fast gänzlichen Fehlen von inneren Beziehungen zwischen der grofsen Masse des Volks und den gebildeten Gesellschaftsschichten in Russland vor einer schwierigen Aufgabe, wenn es gilt, die Entstehung und Entwickelung des Landgemeindewesens festzustellen. Immerhin unterliegt es nach dem neuesten Stande der Wissenschaft kaum einem Zweifel[1], dafs die gegenwärtige Form des Zusammenlebens in Gemeinden nicht, wie Herzen annahm, in unmittelbarer Fortbildung aus der noch im zehnten und elften Jahrhundert nachzuweisenden Familiengenossenschaft heraus entstanden ist; dafs letztere übrigens auch von den nichtslavischen Völkern auf einer gewissen frühen Kulturstufe besessen worden ist, wurde von Herzen anerkannt. In den Rechtsquellen des zwölften Jahrhunderts aber wird in Russland bereits eine Teilung des Besitzes nach dem Tode des Vaters stipuliert, und während der ganzen folgenden Periode der Teilfürstentümer sehen wir wir in immer gröfserem Mafsstabe an die Stelle der grofsen ländlichen Familiengenossenschaften Einzelhöfe treten. Das Moment der kontinuierlichen Weiterentwicklung des Gemeindeprincips in der Geschichte, das in erster Linie von Herzen

[1] Conrads Handwörterbuch der Staatswissenschaften. Bd. 4, S. 1185 ff. Artikel Mir von Johann v. Keufsler.

zum Beweise seiner immanenten Lebensberechtigung und Notwendigkeit betont wird, kommt somit in Wegfall. Wohl trat unter dem Drucke rein äufserlicher Faktoren eine Rückwirkung ein: als nämlich in der ersten Hälfte des 17. Jahrhunderts infolge der vorhergegangenen Kriege das Land vielfach verwüstet und entvölkert war, wurde die bisherige Grundbesteuerung durch das für praktischer befundene Hofsteuersystem ersetzt; die Folge aber hiervon war, dafs die Bauern im Interesse möglichst geringer Besteuerung sich nunmehr thunlichst der Begründung neuer Höfe enthielten, und es vorzogen, wiederum in gröfseren Familienverbänden zusammenzuleben. Die Verbindung der Hof- mit der Kopfsteuer, weiterhin die alleinige Festsetzung der Kopfsteuer durch Peter den Grofsen entzogen jener Bestrebung den Antrieb, und wiederum sehen wir einen Zerfall der Familienverbände und Teilung der Besitztümer vor sich gehen, wogegen seitens des Staats auf den Domanialgütern, seitens der Grundherren auf den Privatgütern, vorzugsweise im eigenen ökonomischen Interesse, energisch eingeschritten wird. Die bäuerliche Freiheit entzog jenen die Möglichkeit einer wirksamen Beeinflussung; dementsprechend findet in der Neuzeit ein beständig fortschreitender Zersetzungsprozess innerhalb der Familiengenossenschaft statt. Nun ist aber die gemeinschaftlich in einem Hofe zusammenwohnende Familiengenossenschaft nach Herzen eben das wesentlich bildende Grundelement der Gemeinde; eben der Gemeinsinn, der die Familie möglichst lange zusammenhielt, hat nach ihm zur Bildung der Gemeinde geführt, indem bei zu starker Vergröfserung der Familie sich Abzweigungen als notwendig erwiesen hätten, wobei die einzelnen Glieder aber in kommunalem Verbande mit einander verblieben seien; so erschiene der notwendige innere Zusammenhang der Gemeinde auf die gemeinschaftliche Abstammung als natürliche Basis zurückgeführt. Dagegen sahen wir einmal, dafs dieser Trieb zum Zusammenleben innerhalb der Familien durchaus kein natürlicher, vielmehr nur durch äufsere Umstände erzwungener war; erscheint also dieses nach Herzen die Gemeinden schaffende Motiv im

Lichte der kritischen Forschung in sein Gegenteil verwandelt, so läfst es eine objektive Betrachtung des Entstehungsprozesses der Gemeinden mit dem Gemeindebesitz als durchaus wahrscheinlich erscheinen, dafs dieselben nicht aus den Familien heraus entstanden sind. Vielmehr thaten sich verschiedene Familien behufs Urbarmachung und Kolonisation des Landes zusammen, sie verbanden sich zu gegenseitigem Schutz gegen Feinde, wilde Tiere, überhaupt zur Bewältigung hindernder Naturkräfte; und wofern seitens einzelner eine derartige Neubesiedelung vorgenommen war, musste ihnen daran liegen, sich auswärtigen Zuzug behufs Ausdehnung der Kolonisation zu verschaffen. Es entstehen nahe von einander Dörfer, die wiederum nur aus einzelnen Höfen bestehen und unter einander in Verbindung bleiben, indem sie über das gemeinsam urbar gemachte und genutzte Land gemeinsam verfügen; die Gemengelage der zum individuellen bezw. Familienbesitz der Einzelhöfe gehörigen Landstücke bringt es mit sich, dafs auch auf diese die Machtvollkommenheit der Gesamtheit der Hofinhaber sich erstreckt, indem ihr die Aufgabe der Schlichtung von Grenzstreitigkeiten, Wiederherstellung verwischter Grenzen, eventuell Neuvermessungen, ferner die aus dem Flurzwange sich ergebende Gewalt zusteht. Andererseits läfst es sich nachweisen, und zwar vorzugsweise in den fruchtbareren Gegenden mit längeren fortlaufenden Strecken ertragreichen Bodens, dafs ursprünglich gesondert und unabhängig von einander existierende Einzelhöfe allmählich zu einem markgenossenschaftlichen Verbande zusammengewachsen sind, indem bei Anwachsen der Bevölkerung neue Höfe entstanden.

In jedem Falle aber fehlt in der älteren Zeit ein Moment vollständig, auf welches Herzen das Schwergewicht legte, und welches der russischen Gemeinde in ihrer neueren Ausgestaltung ihren spezifischen Charakter verlieh: das Recht aller auf das Land; im Gegenteil läfst sich damals das unbestrittene Anrecht des einzelnen Hofes, der einzelnen Familie auf ihr volles Besitztum nachweisen, und es ist nie die Rede davon, dafs dem einen etwas von seinem Besitz zur Befriedigung eines anderen Gemeindegenossen abgenommen wurde. Die ökonomischen Funktionen der Gemeinde als Gesamtheit waren daher im wesentlichen keine anderen als diejenigen der auch in anderen Ländern bestehenden Markgenossenschaft; im besonderen lag ihr die Sorge um die Neubesetzung von Höfen ob, die durch Seuche, Krieg oder sonstige gewaltsame Ursachen herrenlos geworden waren, und welche die Gemeinden dann möglichst schnell, meist unter Gewährung günstiger Bedingungen neu zu verleihen suchten, zur Erleichterung des Steuerdrucks und zur Vermehrung der Einwohnerzahl im Interesse der eigenen Sicherheit; in demselben Sinne wurde auch mitunter bisher gemeinsam besessenes Land, Wald etc., neuen Ankömmlingen überlassen.

Das Recht aller auf Land ist ein Produkt späterer Zeit, und zwar ist es unter dem direkten Einflusse der bäuerlichen glebae adscriptio und der Kopfsteuer entstanden[1]. Da nämlich infolge der Solidarhaft der Gemeinde der wohlhabende Bauer für den Steuerausfall eintreten mufste, falls eine ihrer Kopfzahl nach starke Familie, die aber nicht entsprechend viel Land besafs, die erhöhte Last nicht tragen konnte, so erschien es vorteilhafter zur Abwendung der Gefahr der Steuerzahlung dem ärmeren Genossen einen Teil des eigenen Landes zu überlassen, sodafs sich allmählich innerhalb der Gemeinde eine Ausgleichung des Besitzstandes vollzog. Jene von der Regierung und von den Grundherren im eigenen Interesse stets geförderte Solidarhaftverpflichtung hatte aber auch eine Stärkung der Macht der Gemeinde über ihre Glieder zur Folge, die durch die Gebundenheit des einzelnen an die Scholle eine um so nachdrücklichere wurde; die Gemeinde gewann ein immer wachsendes Bestimmungsrecht über alle ökonomischen Einzelangelegenheiten, unter ihrem Einflusse vollzog sich die allmähliche Nivellierung, wie sie zu der Einteilung des gesamten Landes in gleiche Landlose und zu der regelmäfsigen allgemeinen Umteilung derselben führte. Diesem Prozefs leistete zudem noch der Umstand Vorschub,

---

[1] Conrads Handwörterbuch der Staatswissenschaften. Bd. 4, S. 1185 ff. Artikel Mir von Johann v. Keufsler. — Vgl. Julius Eckardt, Baltische und russische Kulturstudien. Leipzig 1869, S. 499.

dafs in jener Zeit viel freies Land vorhanden und sein Wert sehr gering war. Der schablonenhaft gleichmäfsige und geregelte Wirtschaftsmodus, der sich somit allmählich herausbildete, war der bureaukratischen Verwaltung für alle Angelegenheiten der Administration, der Steuerauflage, der Rekrutierung u. s. w. ein so bequemer, dafs noch im laufenden Jahrhunderte vielfach eine derartige Besitzausgleichung gegen den Willen der Bauern seitens der Regierung erzwungen worden ist; das geschah selbst teilweise in Kleinrufsland, wo der Gemeindebesitz in jener festen Form gar nicht bestand, ferner auch in verschiedenen von Nicht-Slaven bewohnten Landesteilen.

Wenn aus dem Gesagten hervorgeht, dafs der russische Gemeindebesitz mit dem Rechte aller auf Land nur als das Produkt gewaltsamer Einwirkungen der neueren Entwicklungsperiode erscheint, so liefern die Erfahrungen der allerletzten Zeit den praktischen Beweis dafür, wie wenig dieser Zustand dem Volke innerlich sympathisch ist und ihm als die notwendige und zu erhaltende Ordnung der Dinge vor Augen steht. Denn seit der Bauernemanzipation des Jahres 1861, in deren Gefolge sowohl Schollenpflichtigkeit als Kopfsteuer in Wegfall kamen, und die bürgerlich rechtliche Stellung jedes einzelnen sicher gestellt wurde, haben sich die Gemeindeverbände immer mehr zu lockern begonnen, hat die Gemeinde als solche immer mehr ihre Macht über ihre Glieder verloren; mit der Möglichkeit der Erlangung einer gewissen wirtschaftlichen Selbständigkeit mufste naturgemäfs das Bestreben rege werden, das besessene Stück Land möglichst dauernd zu konservieren, und diese Tendenz trat so stark hervor, dafs vielfach — zumal da, wo der Ertrag des Landes einen hinreichenden Überschufs über die Ablösungszahlungen, Steuern und Lasten gewährte und daher eine intensivere Bewirtschaftung lohnte — seit der Emanzipation keine neue Ausgleichung des Grundbesitzes stattgefunden hat.

Wir gelangen damit zu Konsequenzen, die vielfach den Behauptungen Herzens direkt widersprechen. Denn der

Nachweis darf als erbracht betrachtet werden, dafs der Gemeindebesitz nicht, wie Herzen annahm, als ein spezifisches Produkt slavischen Geistes ein von dem russischen Volke als rettendes Princip hochgehaltenes Institut ist, das nur infolge der Beeinträchtigung durch die autoritativen Gewalten sich nicht noch vollendeter hat ausgestalten können, sondern dafs dieser Gemeindebesitz mit dem Rechte aller auf Land sich im Gegenteil vielmehr unter dem Drucke jener das nationale Leben hemmenden Einflüsse und in direktem Zusammenhang mit Leibeigenschaft und Steuerdruck ausgebildet hat, während bei freiheitlicher Entwicklung das Volk sich von diesem Institut immer mehr zu emanzipiren sucht.

Fällt damit nun auch die Grundvorausetzung der diesbezüglichen Herzenschen Ideen, so ist doch die social-ökonomische Wertschätzung des Gemeindebesitzes, wie sie uns in jenen Ideen geboten wird, damit noch nicht widerlegt und beansprucht eine Prüfung von den ihr zu Grunde liegenden selbständigen Gesichtspunkten aus.

Ohne gerade in der Entwicklung des wirtschaftlichen Lebens die konsequente Thätigkeit absoluter Naturkräfte, die Unterordnung unter vorherbestimmte, feststehende Gesetze zu erblicken, wird man doch nicht umhin können, gewisse in eben dieser Entwicklung unter gleichen gegebenen Umständen in grofsem Mafsstabe gleichmäfsig wiederkehrende Erscheinungen als vorwiegend naturgemäfse, in der organischen Ausgestaltung begründete, dem Geiste der Völker adäquate zu bezeichnen. In die Reihe dieser Erscheinungen gehört nun auch die Thatsache, dafs alle diejenigen Völker, welche einst den gemeinschaftlichen Landbesitz in einer dem russischen Mir mehr oder minder ähnlichen Form besessen haben, bei fortgeschrittener Kulturentwicklung diese Besitzform zu negieren und zum Privatbesitz überzugehen bestrebt gewesen sind. Das Steigen des Volkswohlstandes im allgemeinen und die Ausbildung des individuellen Eigentumsrechtes haben einander in gegenseitiger Wechselwirkung erst bedingt, dann gefördert. Die mit erhöhter geistiger Ausbildung in den Menschen angeregten Fähigkeiten gewannen mit der Möglichkeit des ausgedehnteren persönlichen Besitzes einen Sporn zur vielseitigeren Entfaltung und wirkten in ihren fortschreitenden Bestrebungen wiederum nutzbringend und kulturfördernd auch für die Gesamtheit. Denn es liegt in der menschlichen Natur, dafs die in ihr ruhenden materiellen Fähigkeiten sich nur im Hinblick auf ein zu erreichendes Ziel thätig gestalten — nur beim Künstler wird bis zu einem gewissen Grade die Ausbildung der Fähigkeit zum Selbstzweck; wo daher bei im allgemeinen gesicherter ökonomischer Existenz der Sporn zu weiterer Arbeit fehlt, wird sich die Thätigkeit der Menschen auch nur auf das zur Erhaltung der eigenen Person und der Gattung notwendige Minimalmafs reduzieren; und wie stets in der Natur Organe, die dauernd ohne Verwendung bleiben, verkümmern und schliefslich verschwinden, so werden auch im wirtschaftlichen Leben ungenutzte Fähigkeiten mit der Länge der Zeit einem Rückgange, einer Erschlaffung unterliegen. Das hat sich denn auch in dem Einflusse, den die jahrhundertelange Gebundenheit an den Gemeindebesitz auf das russische Volk ausgeübt hat, deutlich gezeigt. Es ist eine von Kennern des russischen Volkes anerkannte Thatsache[1], dafs seine Neigungen und Fähigkeiten für den Ackerbau äufserst gering sind, dafs durchgängig die Beschäftigung mit Handel, Gewerbe oder Handwerk derjenigen mit der Landwirtschaft von den Bauern vorgezogen wird; daher findet man es in vielen Gegenden des Reiches ganz allgemein, dafs die kräftigen Männer die Heimat verlassen, um sich in den Städten Verdienst zu suchen, während die Landarbeit Weibern, Kindern und Greisen überlassen wird. Man hat darin eine natürliche Veranlagung des russischen Volkes sehen zu müssen geglaubt. Nun werden aber derartige charakteristische Anlagen und Neigungen wohl schwerlich einer Nation gleichsam vom Schicksal mit in die Wiege gelegt, dieselben pflegen sich vielmehr unter dem positiven Einflusse bestimmender Momente im Laufe der ge-

[1] Vgl. Julius Eckardt, Baltische und russische Kulturstudien. Leipzig 1869. S. 493 ff.

schichtlichen Entwicklung auszubilden. Das berechtigt uns denn auch zu der Schlufsfolgerung, dafs jene charakteristische Abneigung des russischen Volkes gegenüber einem so bedeutungsvollen Faktor jeglichen wirtschaftlichen Lebens, wie es der Landbau ist, auch in derartig äufseren Einflüssen ihre Begründung findet, dafs ferner bei der tiefgreifenden Einwirkung, die die Gemeindebesitzform auf alle Regungen jenes wirtschaftlichen Lebens ausüben mufste, gerade dieses Institut es war, welches eine Entwicklung des Nationalcharakters in dem bezeichneten für die kulturelle Wohlfahrt des Volkes so wenig erspriefslichen Sinne zur Folge hatte.

In dem Bewufstsein, dafs seine Mühe auf die Dauer ebenso sehr anderen zu gute kommen wird, wie ihm selbst, dafs das Landstück, das er bearbeitet, ihm über kurz oder lang entzogen werden kann, dafs er aber auch im Falle gröfster Nachlässigkeit durch die ökonomische Solidarhaft der Gemeinde vor dem Ruin bewahrt bleiben wird, hat der russische Bauer von jeher nur die notdürftigst erforderliche Mühe auf die Bearbeitung seines Landes verwandt, das ihm zudem bei steigender Bevölkerung ein immer mangelhafteres Auskommen gewähren mufs. Der Ackerbau nährt den Bauern aber nicht nur nicht hinreichend, er gewährt ihm ferner auch nicht genügend Beschäftigung, nnd so hat sich denn der russische Landmann, insofern er nicht die nötige Entschlossenheit besitzt, um die Heimat zu verlassen und auswärts Verdienst zu suchen, daran gewöhnt, seine freien Stunden dem Trunk und der Völlerei zu widmen; dafs dieses Laster einen Umfang angenommen hat, der eine allgemeine nationale Depravation involviert, und dafs hierbei die Organisation der Landgemeinde die Hauptschuld trägt, ist selbst von bedeutenden Vertretern des russichen Nationalismus anerkannt worden[1].

Es würde von der Beurteilung der socialpolitischen Ideen Herzens zu weit abführen, wollten wir hier untersuchen, inwieweit für alle die einzelnen Zweige des wirtschaftlichen

[1] So von Katkow in der Moskauischen Zeitung 1865. Vgl. Julius Eckardt, Baltische und russische Kulturstudien. Leipzig 1869. S. 496 ff.

Lebens in Rufsland die systematische Lahmlegung der landwirtschaftlichen Fähigkeiten durch den bäuerlichen Gemeindebesitz verhängnisvoll geworden ist, wie auch auf den Besitzungen der Grundherren infolge des durch die Aversion der Bauern gegen jegliche Landarbeit verursachten enormen Arbeitermangels die Landwirtschaft keinen Aufschwung hat nehmen können, wie damit gleichzeitig einer Entwicklung der Industrie der Hemmschuh angelegt worden ist, wie infolge dieser und anderer Einflüsse das gesamte moralische und geistige Niveau des russischen Bauern ein aufserordentlich niedriges geblieben ist, im besonderen wie sich diese Verhältnisse seit Aufhebung der Leibeigenschaft und der damit verbundenen Gesetzgebung, die den Zwang zur Arbeit beseitigte, ohne im wesentlichen einen vermehrten freien Antrieb hierzu zu schaffen, vielfach noch verschlimmert haben [1]. Die Art der genetischen Entstehung der russischen Landgemeinde, in Opposition mit den Bedürfnissen der Nation und unter dem äufseren Drucke entwicklungsfeindlicher Elemente zusammen mit der Thatsache eines allgemeinen Niederganges, dessen wenigstens teilweiser Kausalzusammenhang mit dem Einflusse eben jenes Instituts wohl als erwiesen zu betrachten ist — diese beiden Faktoren schlechthin dürften wohl hinreichen, um jenen Ideenkreis der Herzenschen Schule als einen utopistischen zu bezeichnen, der nicht nur der russischen Landgemeinde innerhalb der engeren Landesgrenzen eine segenspendende Kraft zusprach, sondern weit darüber hinaus in ihr die „neue Formel der Civilisation“ sah, ihr eine welterlösende Zukunftsmission vindizierte. An diesem Ergebnis vermag auch die Thatsache nichts zu ändern, dafs ihrerzeit die Gemeindeverfassung insofern einen nicht zu

[1] Näheres hierüber siehe Conrads Handwörterbuch der Staatswissenschaften. Bd. 4, S. 1185 ff. Art. Mir von Johann von Keufsler, woselbst auch ein Verzeichnis der einschlägigen Litteratur sich findet. — Ebenda Bd. 2, S. 226 ff. Art. Bauernbefreiung von Johann v. Keufsler. — Julius Eckardt, Baltische und russische Kulturstudien. Aufsatz über den russischen Gemeindebesitz. S. 430 ff. Leipzig 1869. — Ders., Jungrussisch und Altlivländisch. Leipzig 1871. S. 48 ff.

unterschätzenden Nutzen gestiftet hat, als sie kraft ihrer in Rufsland mehr als irgendwo sonst in Europa zur Ausbildung gelangten festen inneren Geschlossenheit dem Bauernstand als Bollwerk gegen die Übermacht des auf ihm lastenden Druckes diente, und ihm im Zustande der Notwehr wenigstens eine beschränkte Lebensgarantie bot, wenn auch die letztere mit dem Opfer der Individualität bezahlt werden mufste. Desgleichen werden auch die nicht zu bestreitenden Vorzüge unser Gesamturteil nicht beeinträchtigen können, die jedem auf Association beruhenden wirtschaftlichen Organismus zu eigen sind, die im besonderen den verschiedenen Erscheinungsformen genossenschaftlichen Besitzes nicht abzusprechen sind; und indem die Auffassung Herzens von der russischen Landgemeinde und die daran geknüpften Erwartungen zurückzuweisen sind, soll dabei doch die Möglichkeit nicht geleugnet werden, dafs bei geeigneter Reorganisation diesem Institute für eine gewisse Zeit und innerhalb bestimmter Grenzen noch eine gewisse Existenzberechtigung zufallen mag.

Es ist dabei interessant, dafs einer der vorzüglichsten neueren Kenner[1] russischer ländlicher Verhältnisse bei eben dieser auch von ihm als notwendig anerkannten Reorganisation dieselben Grundsätze angewandt wissen will, wie sie Herzen postuliert: Stärkung und Erweiterung der Rechte des Individuums, behufs Herstellung auf freier Erkenntnis beruhender Interessenharmonie zwischen Individuum und Gemeinde, unter Aufrechterhaltung der Autorität der Gemeinde innerhalb der ihr gebührenden Rechtssphäre; der grundlegende Unterschied aber besteht darin, dafs dieses Projekt nur auf Beseitigung urgenter Mifsstände, auf Wiederherstellung einer wirtschaftlichen Entwicklungsmöglichkeit

---

[1] J. v. Keufsler. Das Nähere über sein Projekt zur Reorganisation des russischen Gemeindebesitzes vgl. Conrads Handwörterbuch der Staatswissenschaften. Bd. 4, S. 1190, 1195. Art. Mir. — Joh. v. Keufsler, Zur Geschichte und Kritik des bäuerlichen Gemeindebesitzes in Rufsland. Riga und Petersburg 1876—87. — Derselbe, Genossenschaftliches Grundbesitzrecht in Rufsland. Sonderabdruck aus der Festgabe für Georg Hanssen zum 31. Mai 1889. Tübingen 1889.

schlechthin abzielt, und nur einen Schritt zu vollkommenerer Kulturentwicklung darstellen soll, dessen Bedeutung nicht über die durch Raum und Zeit gesteckten Grenzen hinausreichen kann, während Herzen den Ausgangspunkt für eine neue sociale Weltordnung gefunden zu haben glaubte, und nicht sowohl ein Entwicklungsstadium, als vielmehr einen Zustand der Vollendung auf unabsehbare Zeit hinaus vor Augen hatte. Auf diese Seite des Herzenschen Ideenganges ist denn auch vornehmlich unsere Kritik zu beziehen; auf jene Grundgedanken aber, wie wir sie, aus jeglicher weiteren logischen Konstruktion herausgeschält, auch in vielfachen anderen Beziehungen unter den Ideen Herzens identisch wiederfinden, und wie wir sie auch bei dem erwähnten neueren Forscher zu konstatieren vermochten, wird bei Fällung eines abschliefsenden Gesamturteils noch zurückzukommen sein.

Was die weiteren wirtschaftlichen Forderungen Herzens und seiner Freunde betrifft, wie sie in der des näheren herangezogenen Schrift Ogarews „Essai sur la situation russe" formuliert werden, so haben dieselben, weil zunächst nur auf Rufsland bezüglich, an sich eine beschränkte Bedeutung; ferner liegt ihnen aber auch die Voraussetzung vollendeter Entfaltung des Landgemeindeprincips soweit zu Grunde, dafs mit jener Voraussetzung auch jene weiteren Konstruktionen im wesentlichen hinfällig werden; denn eine Beschränkung des gesamten Handels auf die Märkte supponiert die Präponderanz einer städtefeindlichen ländlichen Verfassung im Volksleben, die angestrebte Begründung des gesamten Kreditwesens auf nationale bezw. sociale Grundlage aber wird von den Vertretern dieser Idee selbst auf die ökonomische Solidarität der Gemeinde als ihr primum movens zurückgeführt. Von den Messen [1] im besonderen gilt auch dasselbe, was für den Gemeindebesitz festzustellen war: dafs sie nämlich Erscheinungsformen sind, die im grofsen und ganzen einer früheren wirtschaftlichen Entwicklungsstufe angehören, die

[1] Vgl. Conrads Handwörterbuch der Staatswissenschaften. Bd. 4, S. 1119 ff. Artikel Märkte und Messen von K. Rathgen.

bei beschränktem Verkehr und anderweitig gehemmten ökonomischen Lebensfunktionen von Nutzen waren, von denen man sich jedoch nach weiterem kulturellen Fortschreiten im freiheitlichen Sinne zu emanzipieren strebt. Dementsprechend ist ohne weiteres zuzugeben, dafs gerade in Rufsland auch heutzutage die für Blüte und Bedeutung der Messen und Märkte notwendigen Vorbedingungen in reichlichem Mafse vorhanden sind; ein näheres Eingehen in die speziell von Ogarew herangezogenen einzelnen Punkte der Beweisführung verbietet sich im übrigen schon durch die Unzuverlässigkeit und Unbestimmtheit des seinen Behauptungen zu Grunde liegenden statistischen Materials [1]. —

Wenn Herzen sich, wie wir sahen, in Bezug auf die Bedeutung und den sittlichen Wert des Landgemeindeprincips den weitgehendsten Illusionen hingab, so findet das eine gewisse Erklärung in der mangelhaften Kenntnis, die man zu seiner Zeit überhaupt von Entstehung und Beschaffenheit der Lebensformen des russischen Landlebens hatte; diese Täuschung findet ihre Entschuldigung aber auch in dem Umstande, dafs nicht nur einzelne Personen, sondern, man darf wohl sagen, fast das ganze gebildete Rufsland zeitweilig an die Zukunftsbedeutung der russischen Landgemeinde glaubte.

Noch bis gegen die Mitte des laufenden Jahrhunderts hatte man selbst in Rufsland in den höheren Kreisen von dem Leben der Bauern nur eine sehr unklare Vorstellung [2],

---

[1] Die gebotenen statistischen Anhaltspunkte verlieren vollends ihre Beweisfähigkeit dadurch, dafs sie in der Regel im Sinne absoluter, nicht relativer Zahlen behandelt werden. So führt Ogarew zur Begründung seiner Ausführung von der Bedeutung der Jahrmärkte in Rufsland an (Essai etc. S. 67), dafs es daselbst deren in der zweiten Hälfte der 1850er Jahre nach officiellen Dokumenten etwas über 5000 gegeben habe. Der Eindruck dieser an sich bedeutend erscheinenden Zahl wird verfallen, wenn man die Thatsache gegenüberstellt, dafs es in dem um so vieles kleineren Ländergebiete der alten Provinzen Preufsens im Jahre 1858 7769 solcher Märkte gab. Vgl. Conrads Handwörterbuch der Staatswissenschaften. Bd. 4, S. 1126. Art. Märkte und Messen von K. Rathgen.

[2] Vgl. Julius Eckardt, Baltische und russische Kulturstudien. Leipzig 1869. S. 481 ff.

und niemand dachte daran, den daselbst verbreiteten Gewohnheiten irgendwelche weitergehende Bedeutung beizumessen. Da war es ein deutscher Gelehrter, August Freiherr von Haxthausen, der im Jahre 1842 nach Rufsland kam, auf seinen längeren Reisen im Innern des Reiches die daselbst bestehenden Agrareinrichtungen sorgfältig studierte und darauf den gebildeten Kreisen Rufslands von seinen Resultaten, insbesondere von dem von ihm gewissermafsen wissenschaftlich entdeckten Gemeindebesitz, in dem er das „Urphänomen russischen Volkslebens“ gefunden zu haben glaubte, Mitteilung machte[1]. Um den Eindruck dieser Mitteilung zu verstehen, mufs man sich vergegenwärtigen, in welcher Entwicklungsphase sich das geistige Leben in Rufsland damals gerade befand.

Wir sahen bereits wie im Laufe der 1830er Jahre sich innerhalb der Moskauer Studentenschaft, die damals die geistige Elite Rufslands repräsentierte, infolge des Studiums westeuropäischer Philosophie[2] ein reger geistiger Aufschwung bemerkbar machte, der alsbald zwei auseinandergehende Strömungen zeitigte[3]: die einen hatten sich vorzugsweise in die Naturphilosophie Schellings vertieft, waren des weiteren zu den deutschen Romantikern übergegangen und entwickelten sich in Anlehnung an die somit erfafsten Ideen und durch Verwertung derselben im Sinne ihres von Hause aus regen Nationalgefühls zur Schule der russischen Romantiker, der sogenannten Slavophilen; die ersten Führer dieser späterhin zu so über-

---

[1] August Freiherr v. Haxthausen, Studien über die inneren Zustände, das Volksleben und insbesondere die ländlichen Einrichtungen Rufslands. Hannover 1848—52. — Derselbe, Die ländliche Verfassung Rufslands. Leipzig 1866. — Derselbe, De l'abolition par voie législative du partage égal et temporaire des terres dans les communes russes. Paris 1858.

[2] Der erste Lehrstuhl für deutsche Philosophie an der Moskauer Universität wurde im Jahre 1826 begründet und fand seine Besetzung durch den Professor M. G. Pawlow. — Vgl. Gedachtes und Erlebtes. Ges. W. Bd. 7, S. 119.

[3] Gedachtes und Erlebtes. Ges. W. Bd. 6, S. 180 ff. und Bd. 7, S. 109—158, 237—317. — Vgl. Julius Eckardt, Jungrussisch und Altlivländisch. Leipzig 1871, S. 18—23, 148. — Derselbe, Baltische und russische Kulturstudien. Leipzig 1869. S. 482 ff.

wiegender Bedeutung gelangten Richtung waren Chomjakow, die beiden Kirejewsky, Konstantin Aksakow, Samarin u. a. Der andere Kreis, dessen unbestrittene geistige Oberherrschaft von Hause aus Herzen zufiel, huldigte Hegel und insbesondere den Hegelianern von der Linken, Ruge, Stirner u. a., hatte sich ferner, angeregt durch Herzen und Ogarew, die Lehre der französischen Socialisten zu eigen gemacht und trat allmählich zu den Slavophilen in schroffen Gegensatz; dieser Partei, der sogenannten Sapadniki (Westler), schlossen sich alsbald durch die Vermittlung des begeistert verehrten Professors Granowsky, im Sinne einer vorwiegend theoretischen Behandlung der gemeinsamen Grundsätze, Stankewitsch und seine Anhänger, darunter vor Allen — aufser Granowsky — noch Belinsky und Bakunin an[1].

Der Ausgangspunkt beider Parteien war derselbe gewesen; sie vereinigten sich in der Opposition gegen das bestehende Regime, in der Begeisterung für das unterdrückte russische Volk, in der Erkenntnis der Notwendigkeit einer radikalen Umwandlung der bestehenden Ordnung. Auch spielte in den Zukunftsplänen der beiden Richtungen ein gewisser allgemein gehaltener Panslavismus eine Rolle, wie er kurz zuvor in ähnlichem Sinne durch die tschechischen und slowenischen Nationalisten angeregt worden war[2]; diese Übereinstimmung beschränkte sich jedoch auf die mehr oder minder dunkel empfundene Überzeugung, dafs es der slavischen Rasse vorbehalten sei, in der Zukunftsgestaltung der Kulturwelt eine mafsgebende Rolle zu spielen. Denn in Bezug auf den einzuschlagenden Weg gingen sie direkt auseinander. Die Slavophilen oder moskowitischen Panslavisten — wie Herzen sie nennt — hatten einen mit der Deutschtümelei der Jahn und Genossen vielfach verwandten[3] Natio-

[1] Vgl. Rufslands sociale Zustände. Deutsch, Hamburg 1854. S. 182—218.

[2] Gedachtes und Erlebtes. Ges. W. Bd. 7, S. 269. — Vgl. Julius Eckardt, Jungrussisch und Altlivländisch: Die russische neue Ära. Leipzig 1871. S. 21.

[3] Gedachtes und Erlebtes. Ges. W. Bd. 7, S. 269. — Vgl. J. Eckardt, Baltische und russische Kulturstudien. Leipzig 1869. S. 483.

nalismus auf ihr Banner geschrieben, verlangten eine rein nationale Entwicklung unter Preisgabe aller Kulturerrungenschaften, soweit dieselben von aufsen her gebracht worden waren, und gelangten damit zu einer Verurteilung der petrinischen Reform und der gesamten späteren Weiterbildung derselben im Sinne einer Annäherung an Westeuropa; sie forderten in allem die Rückkehr zu den Lebensformen des russischen Mittelalters, zu den altslavisch-nationalen und byzantinisch-religiösen Traditionen und betonten zugleich in demokratischem Sinne, dafs nur von dem niederen Volke die Rettung zu erwarten sei, weil letzteres allein sich frei von fremden Einflüssen im Gegensatze zum Petersburger Kosmopolitismus und besonders zu der tödlich gehafsten verdeutschten Bureaukratie erhalten hatte. Demgegenüber erwarteten die Westler oder russischen Europäisten[1] in Anlehnung an Herzen nur von einem radikalen Bruch mit der Vergangenheit das Heil, wollten alles, was die russische Geschichte bisher an politischen und religiösen Erscheinungsformen produziert hatte, beiseite geworfen wissen, um freies Feld zu schaffen für die grofse föderativ-socialistische Zukunftsrepublik, zu welcher sich alle slavischen Stämme verbinden sollten, jedoch unter Verwertung der Ergebnisse der westeuropäischen Kultur, insbesondere der daselbst zu Tage geförderten revolutionären Ideen. Der Gegensatz zu den Slavophilen wurde nicht zum mindesten durch die unerbittliche Kritik verschärft, die neben Senkowsky, Belinsky und anderen Gesinnungsgenossen besonders auch Herzen[2] gegen jenen fanatisch beschränkten alt-moskowitischen Russizismus übte, der nachgerade immer mehr den Charakter einer in Äufserlichkeiten sich verlierenden Kultusform annahm, der in Verkennung des allem historisch Gewordenen innewohnenden Rechtsanspruchs in reaktionärem Rückfall in vergangene Zeit die Leiden der Gegenwart mit einer aus barbarisch-

[1] Gedachtes und Erlebtes. Ges. W. Bd. 7, S. 237 ff.

[2] Rufslands sociale Zustände. Deutsch, Hamburg 1854. S. 182 ff. — Gedachtes und Erlebtes. Ges. W. Bd. 7, S. 266 ff. — Noch eine Variation auf ein altes Thema. Ges. W. Bd. 10, S. 282 ff.

roher Vergangenheit herübergenommenen slavisch-orthodoxen Knechtschaft vertauschen wollte, und der infolge seiner kritiklosen Mifsachtung aller aufser-slavischen Kulturprodukte zu erstarrender nationaler Abgeschlossenheit und religiöser Stagnation führen mufste. Denn auf der einen Seite besafsen die Slavophilen nicht Entschiedenheit genug, um sich zu energischer Kritik aller alten Autoritäten zu verstehen, sie gelangten zu halben Schlüssen und verklausulierten Forderungen — die Hegelsche Philosophie mit den von ihr zuerst in so ausgiebigem Mafse angewandten Hülfsmitteln der Dialektik, die es verstand, das niederzureifsende Gebäude gleichzeitig wieder aufzubauen und die von der Phänomenologie und der Logik aufgelöste und vernichtete Religion in der Philosophie der Religion wieder aufleben zu lassen, hatte hier in verhängnisvoller Weise Schule gemacht; auf der anderen Seite fehlte ihnen das Kriterium, um unter den Trümmern des im Zusammenbruch begriffenen Westens dennoch die Lebensfähigkeit der daselbst zu Tage geförderten Ideen der persönlichen Freiheit zu erkennen und in ihr System mit hinüberzunehmen; denn indem sich diese Idee in ihren Augen nur in der Gestalt eines engherzigen Egoismus darstellte, ja, indem sie diese Idee für den Verfall der alten Welt verantwortlich machen und sie daher mitsamt allem occidentalen Wesen ins Feuer werfen wollten, verkannten sie vollständig, dafs nicht dem Individualitätsprincip die Schuld beizumessen sei, sondern vielmehr der Gesamtheit jener Institutionen, die dieses Princip hatten verkümmern oder ausarten lassen, — dafs dieses Princip jedoch bei entsprechender Ausgestaltung unter Schaffung gleichgewichtiger Korrelate ein Grundelement der neuen Weltordnung darzustellen habe [1].

Vorderhand jedoch hatten die Sapadniki noch ebenso unklare Vorstellungen bezüglich der Verwirklichung ihrer socialistischen Zukunftshoffnungen, wie die Slavophilen betreffs der Mittel zur Belebung ihrer reaktionär-nationalistischen

---

[1] Scilicet in Konsequenz der oben dargelegten socialistischen Auffassung Herzens.

Ideen, und dennoch wufste man aus Hegels Philosophie der Geschichte, die für die jugendlichen Schwärmer beider Richtungen doch mehr oder weniger der Quell des Wissens war, dafs ein zur Weltherrschaft berufener neuer Stamm zugleich der Träger einer neuen Idee, eines neuen Princips sein müsse[1], und bemühte sich vergeblich, auf der Suche nach diesen neuen Werten.

Mitten in diese geistige Bewegung hinein fiel die von Haxthausen selbst nach Moskau überbrachte Kunde von seiner Auffindung des slavischen Urphänomens, von seiner wissenschaftlichen Entdeckung des russischen Landgemeindeprincips[2]. Der erste Eindruck war der einer erlösenden That; denn nun schien der Staar gestochen zu sein, der Schlüssel zur Lösung des Problems war gefunden, die rettende Idee, bis dahin still im Schoofse des Bauernvolkes verborgen und vor allen fremden Eingriffen behütet, war nunmehr, da die Zeit gekommen war, zu Tage getreten; und es war ein vorurteilsfrei beobachtender ausländischer Gelehrter gewesen, der hier zudem das Ansehen einer ersten Autorität genofs, der infolge eingehenden kritischen Studiums des Landvolkes die grofse Entdeckung gemacht hatte, an deren Realität und Wahrheit infolgedessen kein Zweifel bestehen konnte.

In der Entwicklungsgeschichte der geistigen Strömungen des jungen Rufsland bedeutete das einen Markstein, den Beginn einer neuen Epoche, die unter der Signatur des Kampfes für die Reintegrierung des Gemeindebesitzes stehen sollte. Und fast schien es, als ob durch die neue Entdeckung ein verknüpfendes Band zwischen dem Herzenschen jungrussischen Socialismus und dem moskowitischen Slavophilentum geschaffen sei. Auch ist anzuerkennen, dafs Herzen redlich bestrebt war, auf Grund der von beiden Parteien proklamierten Bedeutung des in seinem ganzen Umfange erst jetzt er-

[1] Julius Eckardt, Baltische und russische Kulturstudien. Leipzig 1869. S. 183.

[2] Das russische Volk und der Socialismus. Ges. W. Bd. 5, S. 211. — Die alte Welt und Rufsland. Ges. W. Bd. 5, S. 282.

kannten Instituts der Landgemeinde, eine Verständigung mit den Slavophilen herbeizuführen[1]. Dafs diese Verständigung nicht zu stande kam, war in erster Linie die Folge des konsequenten Festhaltens Herzens an den für notwendig erkannten socialistisch-freiheitlichen Forderungen, denen gegenüber die Slavophilen mit ihrem Nationalismus quand même ihrerseits in immer gröfsere Intoleranz, in immer weiter gehende geistige Abhängigkeit von antiquierten Lebensformen verfielen. So wurde der Kampf unausbleiblich, der während eines Vierteljahrhunderts die Gemüter in Rufsland in leidenschaftliche Erregung versetzte, in dessen Verlauf Herzen, der unstreitig bedeutendste unter den Rufern im Streite, zu einer geistigen Hegemonie gelangte, wie sie kein Privatmann in Rufsland auch nur annähernd je besessen hatte[2], — der aber zuletzt doch mit der Niederlage Herzens und dem Siege der moskauer Slavophilen-Partei unter der Führung Katkows endigte[3].

Während das Institut des Gemeinde-Besitzes das vereinigende Moment im Streite der Parteien hatte darstellen sollen, trat grade in der Auffassung des neuen Princips, in der Art und Weise seiner Ausgestaltung in den Köpfen der Anhänger beider Richtungen der bestehende Gegensatz grell zu Tage. Wir sahen bereits, dafs Herzen in diesem Institut die Lösung der socialen Frage, des von Saint-Simon, Fourier, Cabet und Genossen gesuchten Problems erblickte, dafs er die Gemeinde zur Monade eines grofsen socialistischen Föderativ-Staates machen wollte, dafs er sie einer Läuterung durch die als berechtigt anerkannten revolutionären Ideen des

---

[1] Rufslands sociale Zustände. Deutsch, Hamburg 1854. S. 218. — Noch eine Variation auf ein altes Thema. Ges. W. Bd. 10, S. 282 ff. — Gedachtes und Erlebtes. Ges. W. Bd. 7, S. 315 ff.

[2] Vgl. Julius Eckardt, Jungrussisch und Altlivländisch. Leipzig 1871. S. 31 ff., 186 ff. — Alphons Thun, Geschichte der revolutionären Bewegungen in Rufsland. Leipzig 1883. S. 9 ff. — Karl Oldenberg, Der russische Nihilismus. Leipzig 1888. S. 32 ff.

[3] Ebenda. — Julius Eckardt, Baltische und russische Kulturstudien. Leipzig 1869. S. 512 ff.

Westens unterziehen wollte. Die Slavophilen dagegen, allen zuvor Aksakow, faſsten die Landgemeinde als spezifisch-russisches Nationalheiligtum auf, das sie in seiner alt-moskowitischen Gestalt unter Fernhaltung jeglichen westeuropäischen Kulturelementes wiederhergestellt und zur Grundlage eines Nationalstaats gemacht wissen wollten.

Eine von diesen beiden Auffassungen gänzlich abweichende Auslegung wurde der russischen Landgemeinde seitens ihres wissenschaftlichen Entdeckers zu Teil. Haxthausen war der Meinung[1], daſs sich das russische Volksleben auf Grund eines patriarchalischen Princips entwickelt habe, das in der Landgemeinde und in der Abhängigkeit derselben von Grundherren und Fürsten seinen naturgemäſsen Ausdruck finde. Als daher die russische Regierung Vorbereitungen zu einer Agrarreform zu treffen begann, trat Haxthausen[2] für Beibehaltung des Gemeindebesitzes im konservativ-aristokratischen Interesse ein, wie ihm denn überhaupt seine Entdeckung dazu diente, um gegen den ökonomischen Liberalismus und seine Beeinflussung der westeuropäischen Lebensformen zu polemisieren. Daſs Herzen gegen die Auffassung Haxthausens, in der er eine Entstellung des Gemeindeprinzips im reaktionären Sinne sah, energisch Front machte[3], ist nur natürlich. Denn Haxthausen hatte auf Grund dieses Princips die Beziehungen zwischen den Bauern und Grundherren befestigt sehen wollen, indem ihm der Grundherr als das patriarchalische Haupt der Gemeinde, in der Art der alten schottischen Clans oder der arabischen Emire, erschien, während seiner Ansicht nach der Starost als Repräsentant der gutsherrlichen, bezw. kaiserlichen Gewalt die Gemeinde zu verwalten habe; und sein extrem monarchischer Sinn lieſs ihn

---

[1] Studien über die inneren Zustände, das Volksleben und insbesondere die ländlichen Einrichtungen Ruſslands. Von A. Frhrn. v. Haxthausen. Hannover 1848—52. — Derselbe, Die ländliche Verfassung Ruſslands. Leipzig 1866.

[2] Derselbe, De l'abolition par voie législative du partage égal et temporaire des terres dans les communes russes. Paris 1858.

[3] Ruſslands sociale Zustände. Deutsch, Hamburg 1854. S. 241.

in Übertragung des patriarchalischen Verhältnisses auf die Gesamtheit auch in dem Petersburger Absolutismus nur eine patria potestas dem Volke gegenüber erblicken. Herzen hingegen war von der Überzeugung durchdrungen[1], dafs die durch den selbstgewählten Ältesten sich verwaltende Gemeinde keines anderen Hauptes, keiner von aufsen herantretenden und die freie Entwicklung nur hemmenden, das Gemeindeleben bedrückenden Gewalt bedürfte; daher wollte er die Macht des Gutsherrn, als nur auf Vergewaltigung beruhend, völlig beseitigt wissen, und indem er auf der freien Gemeinde das ganze Staatswesen sich aufbauen lassen wollte, zog er folgerichtig seine Konsequenzen auch in Bezug auf die kaiserliche Herrschergewalt. Haxthausen sah in der Landgemeinde ein Bollwerk gegen das Vordringen revolutionärer Ideen; in Herzens Augen dagegen war sie bestimmt, eben diesen Ideen zum Substrat zu dienen. —

Der Kampf zwischen den Sapadniki und den Slavophilen, zwischen westeuropäischem Socialismus und alt-moskowitischem Panslawismus hat seiner Zeit dem geistigen Leben in Rufsland dermafsen den Stempel aufgedrückt, dafs die Stellung aller an diesem Kampfe beteiligten bedeutenderen Männer Herzen gegenüber durch ihre Zugehörigkeit zu der einen oder anderen Partei a priori bestimmt ist; die Aksakow, Samarin Katkow und Genossen waren durch den principiellen Gegensatz nachgrade von Herzen in einer Weise getrennt, die die persönlichen Gegensätze keiner weiteren Berücksichtigung wert erscheinen läfst. Auf der anderen Seite aber wird es zur Beurteilung der Persönlichkeit Herzens notwendig sein, in wenig Worten sein Verhältnis zu den Männern zu kennzeichnen, die im grofsen und ganzen mit ihm eines Sinnes, weil sie eben darum nach aufsen hin vielfach in allem mit Herzen identifiziert wurden, viel dazu beigetragen haben, das Charakterbild Herzens in der öffentlichen Meinung zu trüben. Aufser Ogareff, der sich mit Herzen in der vollsten Übereinstimmung befand, und sein System nur vorzugsweise nach

[1] Das getaufte Eigentum. Ges. W. Bd. 5, S. 242—244.

der rein wirtschaftlichen Seite hin ausbaut, waren unter den russischen Anhängern Herzens die hervorragendsten in Bezug auf energische Stellungnahme Bakunin, Belinsky und Tschernyschewsky.

Bakunin, dessen Bedeutung im Verhältnis zu Herzen bisher meist überschätzt worden ist[1], hat seine Erziehung im socialistisch-revolutionären Sinne vielmehr in der Hauptsache von jenem erhalten[2]. Nachdem er und mit ihm auch Belinsky, die grundlegenden theoretischen Anschauungen in dem vorwiegend philosophisch angehauchten Stankewitschschen Kreise erhalten hatte, schlossen sie sich, nachdem Herzen nach seinem Exil wieder nach Moskau zurückgekehrt war, zu Beginn der 1840er Jahre dauernd letzterem an. Belinsky mit seinem genial feurigen jedoch vorzugsweise kritischen Verstande, nicht mit Unrecht der russische Lessing genannt, warf sich hierbei vorzugsweise auf theoretisch-spekulative Ergründung der Fragen und gelangte dabei anfangs zu einer Exklusivität, die zeitweilig sogar einen Bruch mit Herzen[3] zur Folge hatte, bald jedoch wurde wiederum eine vollständige Verständigung erzielt, indem Belinsky den ursprünglich proklamierten einseitig extremen Hegelismus aufgab und durch seine scharfsinnig originelle, lebenswarme Verbindung und Coagulierung philosophischer und revolutionärer Ideen Herzen gänzlich für sich gewann, der ihn für eine der bedeutendsten Persönlichkeiten der nikolaitischen Periode hält[4]. Ein früher Tod machte der Laufbahn Belinskys ein Ende — er starb im Jahre 1848; aber während der kurzen Zeit seines Wirkens hat er auf das geistige Leben innerhalb der russischen Jugend entscheidenden Einflufs geübt. Praktisch socialpolitische Pläne, wie Herzen sie konstruierte, lagen ihm fern: sein Ver-

[1] Vgl. Conrads Handwörterbuch der Staatswissenschaften. Bd. 2, S. 10 ff. Artikel Bakunin von G. Adler.

[2] Gedachtes und Erlebtes. Ges. W. Bd. 7, S. 120 ff.

[3] Ebenda S. 126 ff.

[4] Ebenda S. 136. — Rufslands sociale Zustände. Deutsch, Hamburg 1854. S. 190 ff. — Russische Schattenbilder. Ges. W. Bd. 9, S. 115. — Gedachtes und Erlebtes. Ges. W. Bd. 7, S. 357.

dienst besteht darin, nicht nur den philosophisch kritischen Sinn des gebildeten Publikums geschärft, sondern auch seinen ästhetischen Geschmack gebildet zu haben. Die absolute Unbefangenheit allen überkommenen Autoritäten gegenüber verband ihn mit Herzen, und in demselben Sinne wie jener polemisierte er gegen die Slavophilen, nur noch feuriger und rückhaltsloser; er war es, der mit seiner leidenschaftlichen Natur den Gegensatz von Hause aus verschärfte, während Herzen in patriotischem Interesse immer noch nach einer Verständigung suchte; wie Keulenschläge fielen die in den „Patriotischen Annalen“ erscheinenden Artikel Belinskys auf das Alt-Moskowitertum nieder, das in dem „Europäer“ Kirejewskys, späterhin in dem „Moskowit“ nur einen schwachen Anwalt fand. Bei all seinem zügellosen Ungestüm liefs sich jedoch Belinsky nie zur Wahl unmoralischer Mittel hinreifsen — und darin stimmte er mit Herzen überein, das rechnete ihm dieser hoch an; beide Männer vereinigten sich in dem selbstlos reinen Streben auf Grund erkannter und mit ganzer Überzeugung vertretener Wahrheiten, im opferfreudigen Kampf für das Gemeinwohl.

Nicht dasselbe läfst sich von Bakunin sagen; denn mit dem leidenschaftlichen Radikalismus Herzens und Belinskys verband er nicht ihren tiefen sittlichen Ernst, ihr selbstloses Wollen, ihre innere Charakterstärke. Da diese Voraussetzungen fehlten, wurde die Bekanntschaft mit den Herzenschen Ideen für Bakunin verhängnisvoll; sein Streben[1] nach rücksichtsloser Verwirklichung der erstrebten Ziele veranlafste ihn zur Anzettelung unsinniger Konspirationen, die ihm die Verbannung nach Sibirien eintrugen; und als er von dort entfloh und sich dem Herzenschen Kreise in London anschlofs, gab es für ihn kein Halten mehr. Durch die phantastische Genialität und wilde Leidenschaftlichkeit seines Temperaments gelang es ihm, immer mehr Einflufs auf Herzen zu gewinnen; er wurde

[1] Vgl. Alphons Thun, Geschichte der revolutionären Bewegungen in Rufsland. S. 66 ff. Leipzig 1883. — Karl Oldenberg, Der russische Nihilismus. Leipzig 1888. S. 63 ff.

sein böser Dämon [1]. Bakunin trägt wohl am meisten die Schuld daran, dafs die letzte Phase der Thätigkeit Herzens jenen excentrisch demagogischen Charakter angenommen hat, der sein Ansehen untergrub, der auf die Dauer allgemein Anstofs erregen und für die Beurteilung Herzens durch die Zeitgenossen verhängnisvoll werden mufste. Darum mufs konstatiert werden, dafs dieser wüst agitatorische Demagogismus, den man so allgemein Herzen zum Vorwurf gemacht, nie seinen wahren Intentionen entsprochen hat, dafs nur sein weich empfindendes Gemüt dem wahnwitzigen Stürmen und Drängen Bakunins nicht Widerstand entgegenzusetzen vermochte [2], dafs aber eine innere Gemeinschaft zwischen Herzen, dem feinfühlenden reinen Menschen, dem Aristokraten an Geist und Gemüt und jener rohen sittlich verwahrlosten Gesellschaft, die sich später um Bakunin scharte, nie hat bestehen können. Positiv sittlich reformatorisches Streben, wie Herzen es bei aller Verblendung und Selbsttäuschung doch immer zu wahren bemüht war, hatte Bakunin, wenn er es überhaupt je besessen, jedenfalls sehr bald schon verloren; und zumal in der Zeit seiner Verbannung hatte er sich in die Rolle des weltenzertrümmernden Titanen hineinphantasiert, die ihn seine eigene Person zum Ausgangs- und Endpunkt aller seiner Unternehmungen machen und keine Mittel zur Verwirklichung derselben scheuen liefs. Sein eminent genialer Geist liefs ihn keine Schranken kennen; während Herzens Propaganda sich vorzugsweise auf die slavische Welt erstreckte, genügte Bakunin dieses begrenzte Gebiet nicht mehr, und nachdem er mit dem Schwinden des Einflusses Herzens als dessen Anhänger immer mehr an Ansehen verloren hatte, trennte er sich von ihm und begann das Schwergewicht immer mehr in internationale Bestrebungen zu legen, indem er sich die Vernichtung des Bestehenden, gleichgiltig wo und wie, zum Ziele

---

[1] Vgl. Julius Eckardt, Jungrussisch und Altlivländisch. Leipzig 1871. S. 189 ff.

[2] Vgl. Gedachtes und Erlebtes: Russische Schattenbilder. Ges. W. Bd. 9, S. 105 ff.

setzte. Es gelang ihm, mit einer Sezession der internationalen Friedens- und Freiheitsliga, die er zur alliance internationale de la démocratie socialiste organisiert hatte, sich in die Marxsche Internationale hineinzudrängen, die er schliefslich auch sprengte, indem er sie an Radikalismus weit übertraf; indem er sich seine Anhänger aus allen Ländern zusammensuchte, strebte er im besonderen auf Gründung eines Zweiges der Liga in Rufsland hin, dem er in seinem Revolutionskatechismus Recepte zur Förderung des revolutionären Werkes gab, die, von dem alleinigen Streben nach rücksichtsloser Vernichtung diktiert, so wenig mit den grundlegenden menschlichen Empfindungen in Einklang stehen, dafs sie nur als das Produkt eines krankhaft überreizten Gehirns zu verstehen sind. So wurde Bakunin für Rufsland der Begründer des internationalen Anarchismus, der sich daselbst freilich nie zur Lebensfähigkeit hat auswachsen können; er hat somit für seine Heimat annähernd eine ähnliche Bedeutung gehabt, wie Karl Marx für die revolutionären Bewegungen Westeuropas. Den rein destruktiven Bestrebungen Bakunins gegenüber erscheint Herzen als positiver Socialist, denn die Vernichtung war bei ihm nicht Zweck, sondern Mittel: und indem er in diesem seinem positiven Programm in Anlehnung an bestehende Institutionen dem Slaventum die ausführende Rolle vindicierte, gab er seinem System auch eine nationale Färbung — wenn auch nicht im Sinne eines exklusiven Patriotismus — die der kosmopolitischen Richtung Bakunins durchaus widersprach.

Wenn wir in Belinsky den selbstthätigen, congenialen Mitarbeiter Herzens, in Bakunin sein durch principienlosen Radikalismus hyperbolisiertes Zerrbild erblicken, wenn die Persönlichkeit Ogarews dermafsen mit derjenigen Herzens verschmolzen war, dafs ihre Ideen in systematischer Einheitlichkeit mit einander verbunden erscheinen, so fällt seinem demnächst bedeutendsten Anhänger Tschernyschewsky die Rolle des die Ideen des Meisters recipierenden, jedoch selbständig in sich verarbeitenden, systematisch vervollkommnenden und auf anderen Boden übertragenden Jüngers zu [1]. Tschernyschewsky war ein Genie in der Reproduktion; ohne selbständig neue Voraussetzungen zu bieten, hatte er es meisterhaft verstanden, sich die Idee Herzens zu eigen zu machen, indem er durch gründliche encyklopädische Bildung und eifriges Studium des älteren Socialismus [2] das von jenem übernommene System in sich neu belebte; und da er in mancher Hinsicht mehr als Herzen streng wissenschaftlich kritisch vorzugehen wufste, konnte es nicht fehlen, dafs er manches aus diesem System weiter im Detail ausbaute und begründete. In seinem wissenschaftlich bedeutendsten Werke [3] unterzieht Tschernyschewsky die politische Ökonomie der Smithschen Schule, insbesondere Mills einer Kritik in demselben Sinne, in dem auch Herzen gegen diese Richtung polemisierte; er geht dabei jedoch weit rationeller zu Werke, denn während Herzen sich in diesem Punkt mit einigen essayistisch hingeworfenen Streiflichtern begnügte, prüft Tschernyschewsky sowohl die Methode als auch die Voraussetzungen und Lehrsätze jener Schule; und er gelangt zur Verurteilung des Systems, indem er im einzelnen nachweist, dafs die Smith, Malthus, Ricardo, Mill irrigerweise das Walten mechanischer Gesetzmäfsigkeiten im wirtschaftlichen Leben annahmen, dessen Erscheinungen sich wesentlich anders darstellen würden, wenn man, wie erforderlich, den Anspruch des Individuums mit seinen natürlich menschlichen Regungen und freiheitlichen Empfindungen in Betracht zöge. Jenes scheinbare Gesetz sei ein gefügiges Werkzeug in der Hand des tiers état, der herrschenden Klasse gewesen, die darin eine entsprechende Formel für den ihr genehmen wirtschaftlichen Zustand gesehen habe; es sei dagegen die Aufgabe, nicht zu Gunsten

[1] Vgl. Julius Eckardt, Jungrussisch und Altlivländisch. Leipzig 1871. S. 41 ff.

[2] Alphons Thun, Geschichte der revolutionären Bewegungen in Rufsland. Leipzig 1883. S. 12 ff.

[3] N. Tschernyschewsky, L'économie politique jugée par la science. Bruxelles 1874. (Traduit du russe.)

eines derartigen Gesetzes dem menschlichen Organismus Modifikationen aufzuerlegen, sondern vielmehr die wirtschaftlichen Beziehungen der Menschen unter einander so zu regeln, dafs sie mit den Bedürfnissen der menschlichen Natur in Übereinstimmung gesetzt würden. Des weiteren machte Tschernyschewsky es sich zur Aufgabe, indem er die Resultate der westeuropäischen Wissenschaft dem russischen Publikum vermittelte, im besonderen die socialistischen Theorien, wesentlich in der Herzenschen Auffassung nur in censurgemäfser und daher abgeschwächter Form in seinem Vaterlande einzubürgern; die von ihm hauptsächlich geleitete Monatsschrift Sowremennik[1] (der Zeitgenosse) war daher nicht viel mehr als eine in diesem Sinne modifizierte Ausgabe des Kolokol. Ohne dabei originelle neue Ideen zu produzieren, verstand er es dennoch, die Herzenschen Gedanken mit einer drastischen Schärfe und durch Sarkasmus gehobenen Anschaulichkeit wiederzugeben, die ihm einen sehr bedeutenden Einflufs auf die zeitgenössische Jugend, insbesondere auch eine führende Rolle innerhalb der Journalistik verschaffen; und dieser Einflufs wirkte auch lange noch fort, nachdem seitens der Regierung durch die Verbannung seiner praktischen Thätigkeit ein Ziel gesetzt worden war[2]. —

Durch die immer mehr demagogisch agitatorische Färbung, die Herzen unter dem Einflusse Bakunins seinem Kolokol gegeben hatte, war er schnell in starken Misskredit gekommen; seine enthusiastische Parteinahme für den polnischen Aufstand 1863, mit unvergleichlicher Gewandtheit von Katkow als Angriffspunkt benutzt, wurde ihm zum Todesstofs[3]. Mit dem Sturze Herzens und der gleichzeitig erfolgten

---

[1] Vgl. Julius Eckardt, Jungrussisch und Altlivländisch. Leipzig 1871. S. 41 ff., 70.

[2] Es sei hier auch des im Gefängnis geschriebenen Romans Tschernyschewskys: Was soll man thun? Erwähnung gethan, der eine Schilderung der zeitgenössischen russischen Jugend entwirft und von durchschlagender, praktischer Bedeutung wurde.

[3] Julius Eckardt, Jungrussisch und Altlivländisch. Leipzig 1871. S. 192 ff.

Verbannung Tschernyschewskys war der positive Socialismus in Russland führerlos geworden, und da zeigte es sich denn, dafs es eben nur der geniale Einfluss der leitenden Männer gewesen war, welcher die Massen in dem Bann der socialistischen Axiome gehalten hatte, die in der Überzeugung derselben noch lange nicht hatten feste Wurzel fassen können; denn trotz aller pädagogischen Versuche erwies sich das Gros des russischen gebildeten Publikums eben noch als durchaus unreif und nicht befähigt, die Ideen Herzens auch wirklich verständnisvoll zu recipieren und auf ihrer Grundlage selbständig weiter zu arbeiten. Um jedoch eindruckslos zu verschwinden, dazu hatte sich das Herzensche System denn doch zu nachdrücklich der Gemüter zu bemächtigen gewufst; so traf ihn denn das Geschick, das vor ihm schon so manchem Reformator zu Teil wurde, der mit dem Fluge seines Geistes seinen Zeitgenossen vorausgeeilt war, und daher nicht von ihnen hatte verstanden werden können: der materielle Inhalt seiner Lehren blieb ungenutzt liegen, nur das Formalprincip des Systems ging als Hinterlassenschaft Herzens in den Besitz des gebildeten Russland über. Wie nur aber ein solches Formalprinzip, das bereits einmal lebensvollen Inhalt in sich barg, immer danach strebt, sich von neuem Gehalt zu geben, dessen Heterogenität dabei kein Hinderungsgrund ist, so geschah es auch hier: während die grofse Masse der bisherigen Anhänger Herzens gesinnungslos in das feindliche Lager hinüberlief und alsbald ebenso sehr für Michael Katkow schwärmte, wie sie sich bisher für Herzen begeistert hatte, wandten sich die in selbständigem Denken weiter vorgeschrittenen Geister dem aus Westeuropa importierten philosophisch-psychologischen Materialismus[1] zu. In die Ideen Vogts und Darwins, Moleschotts und Büchners übertrugen sie den Radikalismus der Kritik, die Unvermitteltheit der Voraussetzungen, die sie

[1] Julius Eckardt, Jungrussisch und Altlivländisch. Leipzig 1871. S. 39 ff. — Karl Oldenberg, Der russische Nihilismus. Leipzig 1888. S. 43 ff.

der Herzenschen Schule entnommen; der durch jahrhundertelange geistige Knechtung herausgebildete, durch Bekanntschaft mit westeuropäischem Liberalismus noch geförderte Pessimismus, der angesichts der positiven Tendenzen Herzens nicht hatte aufkommen können, fand hier seinerseits offene Bahn; so geschah es, dafs das durch Materialismus und Pessimismus befruchtete Formalprincip des Socialismus unter den durch die russische Geisteskultur gebotenen eigenartigen Bedingungen als Nihilismus in die Erscheinung trat.

Indem somit der Zusammenhang des Nihilismus mit dem Herzenschen Socialismus als ein rein äufserlicher erscheint, ist zugleich die vielfach verbreitete Ansicht, als sei Herzen der geistige Vater dieser Richtung gewesen, auf das entschiedenste zurückzuweisen. Der Nihilismus[1] ist eine im wesentlichen psychologische Erscheinung, wie sie sich in den anderen Ländern Europas als Folge der Aufklärungsphilosophie überall gezeigt hat, und die in Russland infolge der durch äufseren Zwang gehemmten, dennoch von innen herausbrechenden geistigen Entwickelung einen besonders excentrischen Charakter angenommen hatte; dieser Charakter der Bewegung schliefst allein die Möglichkeit aus, als sei sie von einem einzelnen Manne ins Leben gerufen worden. Der Schein der geistigen Urheberschaft Herzens an der nihilistischen Bewegung ist dadurch hervorgerufen worden, dafs dieselbe in den Lehren Herzens kritische Bestandteile vorfand und weiter verarbeitete, die dort nur Voraussetzungen gewesen waren, hier jedoch in den materiellen Inhalt der Doktrin übergingen. Die Nihilisten selbst besafsen für das Wesen der Herzenschen Ideen gar nicht das volle Verständnis, erblickten in Herzen und Ogareff Veteranen ihrer eigenen Partei, in Tschernyschewsky, dem sie viel für ihre Lehren entnahmen, einen Märtyrer derselben, während Bakunin sich nachgrade dermafsen von Herzen entfernt und in den Negativismus

---

[1] Alph. Thun, Geschichte der revolutionären Bewegungen in Rufsland. Leipzig 1883. S. 33 ff.

quand même gestürzt hatte, daſs ihn die Nihilisten allmählich in der That bis zu einem gewissen Grade zu den ihren zählen konnten, soweit das bei einem so plan- und schrankenlosen Geiste, wie Bakunin überhaupt möglich war. Um nun den Nihilismus dem Herzenschen Socialismus gegenüberzustellen, muss vorausgeschickt werden, daſs er einerseits durchaus keine bestimmt bezeichnete und in sich abgeschlossene Erscheinung darstellt, vielmehr mit anderweitigen Elementen verschiedenster Art verquickt ist; andrerseits aber hat man die Bezeichnung des Nihilismus auf Bewegungen übertragen, die mit der ursprünglichen geistigen Erscheinungsform desselben bis auf einen lockeren äuſseren Zusammenhang nichs gemein haben, so vor allem auf den in der Mitte der 1870er Jahre in Russland herausgebildeten Terrorismus.

Den Prototypus des Nihilismus hat Turgenjew in Basarow, dem Helden seines Romans Väter und Söhne[1] (1862) gezeichnet; gegen die in Basarow personifizierte Geistesrichtung aber wendet sich Herzen direkt mit seiner Kritik[2], indem ihm dabei als lebendiger Vertreter dieser Richtung Pissarew vor Augen stand, welcher als Redakteur der Zeitschrift „Das russische Wort“ für den negativen Nihilismus tonangebend war[3]. Ehedem hatte „Das russische Wort“ sich in der Nachahmung Tschernyschewsky's und seines „Zeitgenossen“ überboten; der Fahnenwechsel dieses führenden Journals war charakteristisch genug für jenen Wandlungsprozess, der sich nach dem Sturze der Vorkämpfer des Socialismus, in den Gemütern vollzog.

„Der Nihilismus“ sagt Herzen[4] „ist Logik ohne Struktur, Wissenschaft ohne Dogma, bedingungslose Unterordnung

---

[1] Deutsch von Wilhelm Lange. Leipzig, Reclam.

[2] Noch einmal Basarow. Ges. W. Bd. 10, S. 417—437. Polarstern. Bd. 8, S. 141 ff.

[3] Alphons Thun, Geschichte der revolutionären Bewegungen in Ruſsland. Leipzig 1883, S 34 ff. — Julius Eckardt, Jungrussisch und Altlivländisch. Leipzig 1871. S. 43 ff., 79.

[4] Noch einmal Basarow. Ges. W. Bd. 10, S. 435 ff.

unter die Erfahrung, und unweigerliche Annahme jeglicher Konsequenzen, die vom Verstande verlangt werden, weil sie aus der vorgefassten Anschauungsweise folgern. Der Nihilismus verwandelt nicht ein Etwas in ein Nichts, aber er entdeckt, daſs dieses Nichts, das für ein Etwas gehalten wurde, eine optische Täuschung ist“. Der Nihilismus als psychologische Erscheinung, wie sie sich denn auch vorzugsweise auf religiös-philosophischem Gebiete dokumentierte, ist, wenn wir auch die Thatsache analoger Bewegungen in Westeuropa und deren Einfluss auf Russland konstatieren, auf der einen Seite doch nur aus der eigenartigen Entwicklung heraus zu verstehen, die das geistige Leben Russlands infolge der politisch und social maſsgebenden Faktoren durchzumachen hatte; er ist aber auf der anderen Seite auch die notwendige Folge dieser Entwickelung, die auch ganz unabhängig von der Thatsache des durch Herzen ins Leben gerufenen jungrussischen Socialismus hätte eintreten müssen. Äuſsere Umstände brachten es mit sich, daſs manches Stück aus dem Bestande jenes Socialismus in den Nihilismus mit hinüberging, aber, — wie nicht zu übersehen ist — diese Elemente waren rein formaler Natur; denn der Nihilismus legte das Schwergewicht auf Kritik und absolute Negation. Neue Grundsätze, neue Principien hat der Nihilismus nicht zu Tage gefördert; was er aber aus den Resultaten westeuropäischen Geisteslebens an materiellem Gehalt gewonnen hat, war dem Wesen des Socialismus gerade entgegengesetzt, denn hierin war der Nihilismus rein individualistischer Natur im Sinne des neueren westeuropäischen Liberalismus[1]. Ihm galt nur die egoistische Entwickelung der eigenen Person; daher die grenzenlose Verachtung Basarows für die groſsen Volksmassen, daher die absolute Unfruchtbarkeit und Unfähigkeit des Nihilismus zu irgend welcher socialen Reform. Die junge Generation der Nihilisten blickte auf Herzen und seine Mitkämpfer, wie auf Zeugen vergangener Zeit, die ihre Rolle ausgespielt hatten, und deren

---

[1] Alphons Thun, Geschichte der revolutionären Bewegungen in Ruſsland. Leipzig 1883. S. 33 ff.

Erbe sie selbst nunmehr angetreten hatten; Herzen aber weissagte[1] den Basarows keine lange Lebensdauer, und seine genaue Kenntnis russischer Zustände liefs ihn jenen eine Diagnose stellen, die die Folgezeit gerechtfertigt hat. —

Es muss anerkannt werden, dafs Herzen stets mindestens theoretisch bestrebt war, sich allen jenen revolutionären Bestrebungen kritisch fern zu halten, denen es im Grunde nur um die Form zu thun war, oder die blind sich für unverstandene Ideale begeisterten, ohne sich auf selbständig erarbeiteten geistigen Besitz zu stützen. Während Bakunin sich zum Führer des Nihilismus aufwarf, der ihm Gelegenheit gab, eine mafsgebende Rolle zu spielen, hielt Herzen sich von einer derartigen Bundesgenossenschaft fern, obgleich er wohl wufste, dafs er damit die Jugend sich entfremden würde[2]; dabei leitete ihn dasselbe sittlich verpflichtende Wahrheitsgefühl, das ihn einst dazu gebracht hatte, sich von dem äufserlich verlockenden westeuropäischen philosophischen Liberalismus loszusagen, die Lehren von 1793 und 1848 in ihrer Hinfälligkeit zu erkennen, als sie noch das Heiligtum des Gros unter den Revolutionären bildeten. Derselbe Instinkt liefs ihn jene krankhafte geistige Bewegung der 40er Jahre in Russland richtig erkennen[3], die in der Verschwörung Petraschewskys ihren Ausgang fand, und deren Träger geglaubt hatten, aus den Theoremen der neuen deutschen Philosophie direkt in die Phalange Fouriers übergehen, zur Ausführung der Ideen Comtes schreiten zu können. Es wäre die Aufgabe einer historischen Spezialforschung, alle die vielen Nuancen moderner Revolutionsbewegung kritisch zu beleuchten, wie sie gerade während der Epoche des Wirkens Alexander Herzens zu Tage traten, und auch mehr oder weniger direkt an ihn herantraten — angefangen von dem seitens einer revolutionären Elite: Mazzini, Ledru-Rollin, Ruge

[1] Noch einmal Basarow. Ges. W. Bd. 10, S. 424.

[2] Ebenda S. 422 ff.

[3] Russische Schattenbilder. Ges. W. Bd. 9, S. 140 ff.

in London begründeten europäischen Zentralkomitee[1], bis herab zu den aus den schmutzigsten Beweggründen hervorgehenden Wühlereien eines verkommenen demokratischen Gesindels; alledem gegenüber hat Herzn, wenn er sich auch von persönlichen Einflüssen nicht immer frei zu halten vermochte, doch theoretisch immer seinen Standpunkt unter Betonung seines positiv socialen Programms gewahrt. —

[1] Gedachtes und Erlebtes. Ges. W. Bd. 9, S. 2 ff. — England. Ges. W. Bd. 9, S. 180 ff.

Schlufsbetrachtung.

Im Gegensatz zu den meisten unter denjenigen Agitatoren, mit denen Herzen oft nur zu sehr auf eine Stufe gestellt worden ist, war er nicht in erster Linie Revolutionär; grade seine letzten Schriften lassen ihn uns in hervorragendem Mafse als Denker und Künstler, nicht als streitbaren Umstürzler erscheinen[1]; denn die Revolution dient ihm nur als Mittel zur Verwirklichung des Socialismus, sie war ihm nicht Zweck, wie jenen. In der Geschichte des Socialismus wird daher Herzen sein Platz anzuweisen sein. Allerdings nimmt der Socialismus Herzens im Vergleich zu den westeuropäischen Erscheinungsformen dieser Geistesrichtung eine so eigentümliche Stellung ein, dafs man auf den ersten Blick fast versucht wäre, das System Herzens überhaupt nicht als Socialismus in dem geläufigen Sinne zu qualifizieren, wenn er nicht immer wieder selbst diese Natur seiner Denkweise betonen würde. Es muss daher auf die gemeinsame Grundidee aller wahrhaft socialistischen Systeme zurückgegangen werden, die in der Proklamierung des Rechts der Gesellschaft, in der Forderung der Rücksichtnahme auf das Gesamtwohl im Gegensatz zum egoistischen Individualismus besteht. Da dieses das Ziel auch der Herzenschen Ideen darstellt, fällt der Zweifel an der socialistischen Natur seines Systems weg, denn jede Erscheinung im Bereiche des menschlichen Geistes

[1] Vgl. Nachgelassene Schriften A. Herzens. S. 288 ff. — Briefe an einen alten Freund. Genf-Basel-Lyon 1874.

soll ihr Erkennungszeichen von ihren Zielen erhalten; dieses zu aprioristischer Bedeutung gelangte Ziel stellt auch das Bindeglied zwischen Herzen und den westeuropäischen Socialisten dar. In der Art und Weise, wie er sich die Verwirklichung seiner Ziele dachte, wich er freilich wesentlich von ihnen ab.

Die Ideen der Rodbertus, Lassalle, Marx waren in erster Linie socialökonomischer Natur, diejenigen Herzens dagegen trugen vorwiegend socialphilosophischen Charakter. Jene gingen von bestehenden wirtschaftlichen Zuständen aus, fafsten vorhandene Gegensätze ins Auge, die sie auszugleichen strebten, und gelangten von diesen den bestehenden Verhältnissen entnommenen Einzelprämissen auf verallgemeinerndem Wege zum Begriffe der Gesellschaft in ihrer Gesamtheit, zur Aufstellung von Postulaten für dieselben; und da nun in der Neuzeit das wirtschaftliche Leben unter dem Zeichen des Gegensatzes zwischen Kapital und Arbeiter steht, wurde der Socialismus für sie fast lediglich zur Lösung der Arbeiterfrage verwertet; er sollte in ähnlicher Weise die Rechtsansprüche des vierten Standes begründen und fördern, wie der Liberalismus der Aufklärungsphilosophie das 100 Jahre zuvor dem dritten Stande gegenüber gethan hatte. Herzen hingegen schuf sich auf Grund geschichtsphilosophischen Forschens vorerst Vorstellungen von dem natürlichen und erstrebenswerten Ausbau der menschlichen Gesellschaft; und indem er auf den somit gegebenen Grundlagen die einzelnen Seiten im Leben dieser Gesellschaft ausgestaltet wissen wollte, gelangte er, vom allgemeinen zum speziellen übergehend zur Behandlung auch der wirtschaftlichen Frage nach Mafsgabe der für das allgemeine festgestellten Grundsätze. Es war die natürliche Folge hiervon, dafs Herzen zu viel radikaleren Folgerungen gelangen mufste, als die westeuropäischen Vertreter des wissenschaftlichen Socialismus, denn er unterzog das gesellschaftliche Leben bis auf seine ersten Voraussetzungen seiner Kritik, während jene, von der Betrachtung der bestehenden Zustände ausgehend, diese Voraussetzungen zum Teil als unantastbare anerkannten, wie Rodbertus und Lassalle, oder aber wie Marx auf deduktivem Wege zur Aufstellung von Postulaten für einzelne Seiten des gesellschaftlichen Lebens gelangten, ohne sich mit jenen historisch gewordenen Voraussetzungen der Gesamtentwickelung, den ethischen und religiösen Grundlagen des socialen Lebens und seinen Kardinalformen, Staat und Familie überhaupt irgendwie abzufinden.

In Bezug auf socialphilosophische Voraussetzungen steht Rodbertus Herzen am nächsten, er ist auch unter den wissenschaftlichen Begründern des modernen Socialismus derjenige, der am meisten philosophische Vorstellungen in sein System hineinverwebt. Rodbertus[1] erkennt ebenfalls den vollen Umfang der Bedeutung der beiden Fundamente der Menschheit: des socialen und des individuellen Organismus, und der Natur des letzteren als Atom des ersteren; im Gegensatz zu kommunistischen Weltanschauungen gehen beide nicht von der Einheit des socialen Organismus, sondern von dessen Atomen aus, insofern als sich die Erscheinungen der socialen Lebenssphäre nach Analogie der korrespondierenden Erscheinungen des individuellen Lebens zu regeln haben. Ohne dafs somit der socialistische Charakter der Denkweise Beider beeinträchtigt wird, die das Wohl der Gesamtheit als Ziel vor Augen hat, ist der Weg, auf dem dieses Ziel zu erreichen ist, doch der des Ausbaus und der Vervollkommnung der Triebe des Individuums, auf dessen Pflege und richtig freiheitlicher Entwickelung auch die Harmonie der menschlichen Gemeinschaft beruht. Daher sind sowohl Herzen als Rodbertus in ihrer Denkweise individualistisch, insofern als sie in der einzelnen Persönlichkeit die thätig wirkende Kraft sehen, die als Trägerin des Fortschritts und der Kultur mitunter sich selbst über ausgelebte sociale Ordnungen hinwegzusetzen vermag[2], jedoch nur um ihre Aufgaben im Dienste der Gesamtheit zu erfüllen; denn über jedem Individualismus

---

[1] Theophil Kozak, Rodbertus-Jagetzows socialökonomische Ansichten. Jena 1882. S. 12 ff.

[2] Ebenda S. 72 ff.

steht die von Rodbertus als der geschichtliche Lebenstrieb bezeichnete sociale Macht, die sich das vom Individuum erarbeitete nutzbar macht, beziehungsweise zu immer neuen organischen Bildungen hindrängt. Die gemeinschaftliche Anerkennung dieser die ungehinderte Freiheit des Individuums bindenden socialen Macht mufste daher, wie Herzen, so auch Rodbertus zur Verurteilung aller der auf Grund einer derartigen Freiheit entstandenen Erscheinungen, schliefslich der gesamten, auf Privateigentum und Kapitalismus beruhenden Wirtschaftsordnung führen [1]. Hier aber beginnt die Verschiedenheit in den Ansichten beider: einmal infolge der Verschiedenheit der Ausgangspunkte; denn von Betrachtung der gegenwärtigen wirtschaftlichen Lage ausgehend, zieht Rodbertus jene philosophischen Ideen eben nur zur Lösung dieser ökonomischen Frage heran, setzt sich daher einen ungleich beschränkteren Zweck als Herzen, der eine gesamte sociale Neugestaltung anstrebt. Zweitens besteht ein grundlegender Unterschied in der philosophischen Auffassung der menschlichen Natur; denn im Gegensatz zum Materialismus Herzens supponiert Rodbertus bestimmte metaphysische Lebensprincipien, und sucht ein solches, und zwar hervorgehend aus einem göttlichen Impuls [2] insbesondere in der Gemeinschaft der Individuen, vindiziert daher allen dieser Gemeinschaft entsprungenen Bildungen in viel höherem Mafse eine das Individuum beschränkende Bedeutung als Herzen, und gelangt insbesondere zu einem aprioristischen Staatsbegriff, der ohne die Stütze seines Systems zu sein, ihm doch dazu dient, ihn in seiner wohl durch äufsere Momente gewonnenen konservativen Auffassung zu bestärken. Rodbertus verlangt eine wirtschaftliche Reform durch den bestehenden Staat; Herzen wünscht eine radikale sociale Reform vom Volke ausgehen zu sehen. Rodbertus glaubt [3], dafs der geschichtlich gewordene Staat, insbesondere die Monarchie, allein allen Bestrebungen

---

[1] Theophil Kozak, Rodbertus-Jagetzows socialökonomische Ansichten. Jena 1882. S. 160 ff., 171 ff.

[2] Ebenda S. 14.

[3] Ebenda S. 200.

Erfolg versprechen könnte, die auf das sittliche, intellektuelle und materielle Wohl des ganzen Gesellschaftskörpers abzielten; Herzen hält eben diesen Staat für das gröfste Hemmnis von Kultur und Fortschritt.

Es soll damit nicht gesagt sein, dafs Herzen principieller Gegner jeglichen staatlichen Organismus gewesen sei. Er wendet sich jedoch gegen jenen im antiken Sinne zur Bedeutung kommenden Staat, der als selbständiges Princip sich die Nation unterordnen will und von ihr Aufopferung um der Interessen des Staats willen verlangt. Denn der Staat hat nach Herzen keinerlei auf Selbstzweck begründeten Anspruch, sondern er soll nur eine notwendige organisatorische Lebensfunktion des Volkes darstellen, die sich den Wandlungen und Entwickelungen im Volksleben anbequemt, und sich dementsprechend gestaltet. Einem solchen Staate konnte Herzen naturgemäfs nicht die Aufgaben vindizieren, deren Lösung Rodbertus, ferner auch Lassalle, und im übrigen der gesamte moderne Staatssocialismus von ihm erwarten. Ebenso sehr tritt Herzen jedoch auf der andern Seite jenen anarchistischen Bestrebungen entgegen, die unter Abolierung jeglichen Staatswesens eine allgemeine internationale Vereinigung fordern, und darin tritt sein Widerspruch gegenüber den von Marx und seiner Internationale, späterhin in Anlehnung daran von der Socialdemokratie vertretenen Tendenzen scharf zu Tage. Denn Herzen besafs praktischen Sinn genug, um die naturgemäfse Notwendigkeit gesellschaftlicher, bis zu einem gewissen Grade abgeschlossener Organisationsformen zu erkennen, und sein ganzes System verlangte konsequenter Weise einen praktischen Ausdruck für jenes immer wieder betonte Moment der Sociabilität im gesellschaftlichen Leben, das der Freiheit des Individuums die Wagschale zu halten habe. Dazu bedarf es jedoch seiner Ansicht nach keiner von aufsen her in das Volksleben eingreifender Institute, die mit selbständigen Macht- und Rechtszwecken nur die berechtigten Ansprüche jenes Volkslebens beeinträchtigen müssen, sondern er wollte die Verkörperung der socialen Gemeinschaft auf die in der Ausgestaltung desselben gegebenen Formen begründen; er konstruiert daher, von der Gemeinde als Einheit ausgehend, die auf Grund gemeinschaftlicher Interessen und Neigungen frei zusammentretende Föderation der Gemeinden als naturgemäfse Form der res publica. Indem er das Bestehen kultureller Eigentümlichkeiten nach Mafsgabe nationaler Verschiedenheiten anerkannte, gelangte er somit — im Gegensatz zu den beiden Extremen: der Proklamierung des aprioristisch zweckgiltigen Staatsbegriffes und der Abolierung jeglichen Staats — zur Forderung der auf Gleichheit kultureller Ansprüche in allen Lebensbeziehungen beruhenden nationalen Gemeinschaft. Dafs seine persönliche begeisterungsvolle Vaterlandsliebe hier in sein logisches System mit hineingespielt hat, ist nicht zu verkennen; doch ist zu konstatieren, dafs er dabei grundsätzlicher Gegner eines exklusiven Patriotismus ist, wie er als Folge des antiken Staatsbegriffs in der Neuzeit bei Proklamierung des Nationalitätsprincips im einseitigen Sinne zu Tage getreten ist. Herzen ist dabei doch durchaus nationaler Socialist; das giebt ihm Berührungspunkte mit Rodbertus und Lassalle. Weil sein System in einem vom Staatsbegriffe unabhängigen Sinn ein national-socialistisches ist, darf es jedoch mit den Systemen jener nicht verwechselt werden, wie denn überhaupt der Ideenkreis Herzens eigenartig genug ist, um eine selbständige Beurteilung ausserhalb feststehender Kategorien verlangen zu können. Dafs der Socialismus Herzens diesen nationalen Charakter trägt, macht ihn nur lebensmöglicher; denn in menschlich gesellschaftlichen Dingen gilt es nicht nur, die allgemeinen Bewegungen und Gesetzmäfsigkeiten festzustellen, sondern diese auch im besonderen in den organischen Lebenserscheinungen nachzuweisen. —

Der utopische Charakter, den die Ansichten Herzens vielfach an sich tragen, hat sie nicht zu dauernder praktischer Bedeutung gelangen lassen; eine Verkettung äufserer Umstände hat weiterhin in diesem Sinne gewirkt. Dennoch bleibt sein Verdienst bestehen, die socialistische Weltanschauung auf breitere Grundlagen gestellt, sie von neuen Gesichtspunkten aus beleuchtet, sie gleichsam auf reinere Formen zurückgeführt zu haben; die scharf betonte Forderung einer socialen Reform unter gleichmäſsig harmonischer Berücksichtigung der Momente der Sociabilität und der Individualität ist es, die den Ideen Herzens ihren Wert verleiht. Ob der Socialismus eine Zukunft hat, wird die Folgezeit zu lehren haben; wir meinen jedoch, daſs er, um zu lebensvoller Bedeutung zu gelangen, auf jene Grundforderungen der Weltanschauung Herzens wird zurückgreifen müssen. —

FSC
www.fsc.org
MIX
Papier | Fördert gute Waldnutzung
FSC® C083411

Kolibri 360 GmbH
Ferdinand-Jühlke-Straße 7
99095 Erfurt, Deutschland
produktsicherheit@kolibri360.de

Druck:
CPI Druckdienstleistungen GmbH
im Auftrag der
Kolibri 360 GmbH
Ferdinand-Jühlke-Str. 7
99095 Erfurt